"ධම්මෝ හි වාසෙට්ඨා, සෙට්ඨෝ ජනේතස්මිං
දිට්ඨේ චේව ධම්මේ, අභිසම්පරායේ ච."

වාසෙට්ඨයෙනි, මෙලොවෙහි ත්, පරලොවෙහි ත්
ජනයා අතර ධර්මය ම ශ්‍රේෂ්ඨ වෙයි !

- අග්ගඤ්ඤ සූත්‍රය - භාගයවත් බුදුරජාණන් වහන්සේ

නුවණ වැඩෙන බෝසත් කථා - 24
ජාතක පොත් වහන්සේ
(උපාහන වර්ගය)

පූජ්‍ය කිරිබත්ගොඩ ඤාණානන්ද ස්වාමීන් වහන්සේ

© සියලුම හිමිකම් ඇවිරිණි.

ISBN : 978-955-687-140-1

ප්‍රථම මුද්‍රණය	:	ශ්‍රී බු.ව. 2561 ක් වූ ඉල් මස පුන් පොහෝ දින
සම්පාදනය	:	මහමෙව්නාව භාවනා අසපුව වඩුවාව, යටිගල්ඔළුව, පොල්ගහවෙල. දුර : 037 2244602 info@mahamevnawa.lk | www.mahamevnawa.lk

පරිගණක අකුරු සැකසුම, පිටකවර නිර්මාණය සහ ප්‍රකාශනය :
මහාමේඝ ප්‍රකාශකයෝ
වඩුවාව, යටිගල්ඔළුව, පොල්ගහවෙල.
දුර : 037 2053300, 076 8255703
mahameghapublishers@gmail.com

මුද්‍රණය	:	තරංජි ප්‍රින්ට්ස්, 506, හයිලෙවල් පාර, නාවින්න, මහරගම. ටෙලි: 011-2801308 / 011-5555265

නුවණ වැඩෙන බෝසත් කථා-24

ජාතක පොත් වහන්සේ

(උපාහන වර්ගය)

සරල සිංහල පරිවර්තනය

**පූජ්‍ය කිරිබත්ගොඩ ඤාණානන්ද
ස්වාමීන් වහන්සේ**

මහාමේඝ
MAHAMEGHA

ප්‍රකාශනයකි

පෙරවදන

ජාතක පොත් වහන්සේ ඔබ කියවලා ඇති. කුඩා අවධියේත්, පාසලේදීත්, සරසවියේත්, පන්සලේ බණ මඩුවේත්, වෙසක් නාඩගමේත් අපි ජාතක කථා රස වින්දෙමු. නමුත් එහි සැබෑ අරුත කුමක් දැයි තේරුම් ගන්නට අප සමත් වූ වගක් නම් නොපෙනේ.

'නුවණ වැඩෙන බෝසත් කථා' නමින් ඒ ජාතක කථා ඔබේම භාෂාවෙන් ඔබට කියවන්නට ලැබෙන්නේ එයින් ඉස්මතු වන අරුතත් සමඟිනි. මෙහි අරුත් දන එම කථාවත් මතක තබා ගෙන සත්පුරුෂ ගුණධර්ම දියුණු කර ගන්නට මහන්සි ගන්නේ නම් එය ජාතක කථාවෙන් ඔබට ලැබෙන සැබෑම ප්‍රතිඵලයයි.

හැම දෙනාටම තෙරුවන් සරණයි!

මෙයට,
ගෞතම බුදු සසුන තුළ මෙත් සිතින්,
පූජ්‍ය කිරිබත්ගොඩ ඤාණානන්ද ස්වාමීන් වහන්සේ
ශ්‍රී බුද්ධ වර්ෂ 2560 ක් වූ වෙසක් මස 31 දා

මහමෙව්නාව භාවනා අසපුව
වඩුවාව, යටිගල්ඔළුව,
පොල්ගහවෙල.

පටුන

24. උපාහන වර්ගය

නමෝ තස්ස භගවතෝ අරහතෝ සම්මාසම්බුද්ධස්ස
ඒ භාග්‍යවත් අර්හත් සම්මා සම්බුදුරජාණන් වහන්සේට නමස්කාර වේවා!

01. උපාහන ජාතකය

පාවහන් උපමා කොට පැවසූ කතාව

පින්වතුනේ, පින්වත් දරුවනේ,

ලාභ, කීර්ති, ප්‍රශංසාවන්ට ආශා කරන්ට ගිහින් ඇතැම් අය ගොඩාක් පව් කරගන්නවා. සාධාරණ ලෙස තමන්ට ලැබෙන දෙයක් ගැනීම සත්පුරුෂ ගුණයයි. එහෙම නැතිව තමන්ට උගන්වපු, තමන්ට ශිල්ප ශාස්ත්‍ර කියාදුන්, තමන් කව්ද කියලා ලොවට හඳුන්වා දුන් ගුරුවරුන්ටත් එරෙහි වී, ගුරුවරයාගේ ලාභය උදුරාගන්ට යෑම නම් ඉතා භයානක දෙයක්. මෙයත් එබඳු කතාවක්.

දේවදත්ත කියන්නේ කාගෙ කවුරුද යන වග ඔබ හොඳින් දන්නවා වෙන්න පුළුවනි. දේවදත්ත කියන්නේ යසෝධරා දේවියගේ අයියණ්ඩි. අපගේ භාග්‍යවතුන් වහන්සේගේ ගිහි කාලේ මස්සිනා වෙනවා. කපිලවස්තුවේ බොහෝ කුමාරවරු පැවිදි වෙද්දි මොහුත් පැවිදි වුනා. මොහුව පැවිදි කළේ අපගේ භාග්‍යවතුන් වහන්සේ ම යි. ඒ කියන්නේ මොහුගේ ආචාර්යයන් වහන්සේ තුන්ලොවට එකම පිළිසරණ වූ ලෝකනාථයන් වහන්සේ. දේවදත්තට ගුරු ගෞරවයක් තිබුනේ ම නැතැයි කියන්ට පුළුවනි. දේවදත්ත අහිංසක විදිහට කරබාගෙන යටහත්ව හිටියේ

තමන්ට ධ්‍යාන අභිඥා උපදවාගන්ට ඇහැක් කල් විතරයි. ඊට පස්සේ හිතුවේ තමන් තමයි ශ්‍රේෂ්ඨ ම කෙනා කියලා. එතැනින් පස්සේ අසත්පුරුෂකම ම යි ඉස්මතු වුනේ. තමන්ට පැවිදි බව ලබා දුන් තමන්ගේ ගුරුදෙවිඳුන්ව සිටි ශාස්තෘන් වහන්සේට විරුද්ධව කළ හැකි සෑම විරුද්ධකමක් ම කළා. ඒ නිසා ම තමන් මහා භයානක දුක් ඇති අවීචි මහා නරකයේ උපදින විදියේ ඉරණමක් සකස් කරගත්තා.

ඒ දිනවල අපගේ භාග්‍යවතුන් වහන්සේ වැඩ වාසය කොට වදාළේ රජගහනුවර වේළුවනයේ. එදා දම්සභා මණ්ඩපයේ රැස්වූ භික්ෂූන් වහන්සේලා දේවදත්ත විසින් තමන්ගේ ගුරුදෙවිඳුන් වන භාග්‍යවතුන් වහන්සේට සතුරුකම් කොට විනාශයට පත් වූ ආකාරය ගැන කතා කරමින් සිටියා. ඒ අවස්ථාවේ භාග්‍යවතුන් වහන්සේ එතැනට වැඩම කොට වදාළා. භික්ෂූන් වහන්සේලා තමන් කතාකරමින් සිටි කරුණ පිළිබඳව අපගේ භාග්‍යවතුන් වහන්සේට සැළ කළා. භාග්‍යවතුන් වහන්සේ මෙසේ වදාළා.

"මහණෙනි, එය දේවදත්ත තමන්ගේ ආචාර්යපාදයන්ව සිටි තථාගතයන්ට විරුද්ධව කටයුතු කොට මේ ආත්මේ මහා විනාශයකට පත් වුනා. මීට කලින් ආත්මෙකත් තමන්ගේ ආචාර්යපාදයන්ට විරුද්ධව කටයුතු කරන්ට ගොහින් විනාශයට පත් වුනා" කියා මේ අතීත කතාව ගෙනහැර දක්වා වදාළා.

"මහණෙනි, ගොඩාක් ඉස්සර කාලේ බරණැස්පුරේ බ්‍රහ්මදත්ත නමින් රජ්ජුරු කෙනෙක් රාජ්‍ය කරමින් සිටියා. ඔය කාලේ මහා බෝධිසත්වයෝ හස්තීන්ට

ශිල්ප උගන්වන ඇත් ආචාර්ය කුලේ උපන්නා. ඉතින් බෝධිසත්වයෝ කල් යාමේදී හස්ති ශිල්පය ගැන මහා නිපුණත්වයක් ඇති කරගත්තා.

ඉතින් ඔය කාලේ කාසි ගමේ එක්තරා තරුණයෙකුට හස්ති ශිල්ප ඉගෙන ගන්ට කැමැත්තක් ඇති වුනා. ඔහුත් බෝධිසත්වයන් ළඟට ඇවිත් බොහෝ යටහත්ව ශිල්ප ඉගෙන ගන්ට ඇති ඕනෑකොම පවසා ශිල්ප උගන්වන්ට කියා ඉල්ලා සිටියා. බෝධිසත්වයෝ ශිල්ප උගන්වද්දී තමන් දන්නා කිසිම දෙයක් ගුරු මුෂ්ටි හැටියට රහසේ සඟවා තබාගත්තේ නෑ. තමන් දන්නා සෑම දෙයක් ම ඉතුරුවක් නොතබා ම උගන්වනවා. ඒ හේතුව නිසාම අර තරුණයාටත් බෝධිසත්වයන් ළඟින් හස්ති ශිල්පය අංග සම්පූර්ණ ලෙස ඉගෙන ගන්ට ලැබුනා. ටික දවසකට පස්සේ ඔහු බෝධිසත්වයන්ට මෙහෙම කිව්වා.

"ආචාර්යපාදයෙනි, දැන් මාත් හොඳ හැටියට හස්ති ශිල්පය දන්නවා නොවැ. මාත් රාජ උපස්ථානයට යන්ට ඕනැ."

"බොහොම හොඳයි පුත්‍රය.... මං තොප අපගේ රජ්ජුරුවන් වහන්සේට හඳුන්වා දෙන්නම්. රාජ උපස්ථානයට අරගන්න කියා ඉල්ලා සිටින්නම්."

මෙහෙම කියලා බෝධිසත්වයෝ රජ්ජුරුවන්ව බැහැ දකින්ට ගියා. "මහරජතුමනි, මගේ යටතේ හොඳට ශිල්ප ඉගෙන ගත් මගේ ශිෂ්‍යයෙක් ඉන්නවා. ඔහු තමුන්නාන්සේට උපස්ථාන කරන්ට බොහෝම කැමතියි."

"හොඳයි... හොඳයි... ඔහුටත් උපස්ථානයට එන්ට කියන්ට."

"එතකොට රජතුමනි.... ඔහුට ගෙවිය යුතු බත්වැටුප් ගැනත් කිසිවක් පැවසුව මැනව."

"මිත්‍රය... තොපගේ ශිෂ්‍යයාට තොපට සමානව වැටුප් ලැබෙන්නේ නෑ. තොපට කහවණු සීයක් ලැබෙනවා නම් ඔහුට කහවණු පණහක් ලැබෙනවා. තොපට දෙකක් ලැබෙනකොට ඔහුට එකක් ලැබෙනවා. ඒක තමයි හරි ක්‍රමය."

එතකොට බෝධිසත්වයෝ ගෙදර ගිහින් තම ශිෂ්‍යයාට මේ කාරණය දන්වා සිටියා. එතකොට ඔහු ඒ අදහසට විරුද්ධ වුනා. "එහෙම කොහොමද ආචාර්යපාදයෙනි, තමුන්නාන්සේ යම් ශිල්පයක් දන්නවාද, ඒක මාත් අඩු නැතුව සම සමකොට දන්නවා නොවැ. සම දැනුමක් දෙන්නෙකුට තියෙද්දී එක්කෙනෙකුට සීයක් ලැබෙද්දී අනිකාට පණහයි. යසයි වැඩේ. එහෙම බෑ. රජ්ජුරුවන්ට ගොහින් කියන්ට සමාන වැටුප් ලැබෙනවා නම් විතරක් මගෙන් සේවය ලබාගන්ට පුළුවන් බව. එහෙම නැත්තං බෑ."

එතකොට බෝධිසත්වයෝ ඔය කාරණාව රජ්ජුරුවන්ට දැනුම් දුන්නා. රජ්ජුරුවෝ මෙහෙම කිව්වා. "හරි... ඔය ශිෂ්‍යයා කියනවා නම් තොපට සමානව ම වැටුප් දෙන්ට ඕනෑ කියලා ඔහු එහෙනම් තොප සමඟ එකට ශිල්ප දක්වා තමන්ගේ දක්ෂතාව ඔප්පු කොරන්ට ඕනෑ. ඊට පස්සේ සම වැටුප් ලබන්ට පුළුවනි."

බෝධිසත්වයෝ ගෙදර ගිහින් රජ්ජුරුවෝ කියූ දෙය ඔහුට කිව්වා. "ආ... ඒකට මොකොද? මට පුළුවනි ශිල්ප දක්වා ඔප්පු කොරන්ට."

බෝධිසත්වයෝ රජ්ජුරුවන්ට මොහුව රැගෙන ගොස් දන්වා සිටියා. "එහෙනම් තොපට හෙට දවසේ ශිල්ප දක්වන්ට ඇහැකි ද?"

"එහෙමයි දේවයනි, ඕනෑ වෙලාවක මං ලේස්තියි."

ඉතින් රජ්ජුරුවෝ රාජසේවකයන් කැඳෙව්වා. "එම්බල මිනිසුනි.. දැන් මුළු නගරේ පුරාම අඬබෙර ගස්සවන්ට ඕනෑ. හෙට අපගේ හස්තිශිල්පය දත් ආචාර්යපාදයන් සමඟ ඔහුගේ ශිෂ්‍යයෙක් හස්ති ශිල්ප දක්වනවා. ඒ නිසා මේ ගුරු ශිෂ්‍ය ශිල්ප දැක්වීම බලන්ට ආසා ඇති සියල්ලෝ පැමිණෙත්වා! කියලා අඬබෙර ගසන්ට ඕනෑ."

රාජපුරුෂයෝ අඬබෙර ගැසුවා. බෝධිසත්වයෝ මෙහෙම කල්පනා කළා. 'මේ ශිෂ්‍යයා මගෙන් ශිල්ප ඉගෙන ගත් සැණින් ගුරුවරයාව හෙලා දැක තමා සම තත්වයට එන්ට සිතනවා. මොහු මගේ උපාය කෞශල්‍ය තවම දන්නේ නෑ' කියලා එක් හස්තියෙක් අරගෙන වනේට ගොහින් එදා රෑ එලිවෙන්ට පළමු විලෝම ශිල්පය ඉගැන්නුවා. විලෝම ශිල්පය කියන්නේ කියන දෙයට විරුද්ධව කරන්ට උගැන්වීමයි. එතකොට ඇතාට ඉදිරියට යන්ට කියනකොට ඔහු පස්සෙන් පස්සට යනවා. හිටගන්ට කියනකොට වාඩිවෙනවා. වාඩිවෙන්ට කියනකොට නැගිටිනවා. ගන්ට කියනකොට අතාරිනවා. අතාරින්ට කියනකොට ගන්නවා. ඔය විදිහට විලෝම ශිල්පය ඇතාට හොඳට පුහුණු කෙරෙව්වා.

බෝධිසත්වයෝ පසුවදා ඒ ඇතා පිට නැගී රාජංගණයට ගියා. ශිෂ්‍යයාත් තමන් කැමති ඇතෙකු පිට නැගී එතැනට ආවා. රජ්ජුරුවොත්, මැති ඇමතිවරුත්

මහා ජනකායකුත් ශිල්ප බලන්ට ඇවිත් හිටියා.

දෙන්නාම සම සමව ශිල්ප දැක්වුවා. අන්තිමේදී බෝධිසත්වයෝ විලෝම ශිල්පය පෙන්නුවා. ඇතා දැන් කරන්නේ කියන එකට විරුද්ධ දෙයයි.

ශිෂ්‍යයාට හිතාගන්ටවත් බැරිව ගියා. මහා ජනයා ඔල්වරසන් දුන්නා. මහජනයාට තේරුනා ශිෂ්‍යයා කෙලෙහි ගුණ නැතිව තම ගුරුවරයාව හෙළා දැක සම තත්වය ගන්ට ආශාවෙන් එකට එක කළ බව. මහාජනයා ශිෂ්‍යයාට බණින්ට පටන් ගත්තා.

"අරේ... දුෂ්ට ශිෂ්‍යය, තෝ කෙළෙහි ගුණ මාත්‍රයක් නැති එකෙක්, තෝ තමන්ගේ තරම දන්නේ නෑ. ශිල්ප ඉගෙනගත් ගමන් තමන්ගේ ගුරුවරයාට සමාන වෙන්ට ගියා. දැන් තොට තේරුණා ද?" කියලා ඔහුට ගල් මුගුරුවලින් පහර දුන්නා. ඔහු එතැන ම ජීවිතක්ෂයට පත් වුනා.

බෝධිසත්වයෝ ඇතාපිටින් බැස්සා. රජ්ජුරුවන් ළඟට ගිහින් මෙහෙම කිව්වා. "මහරජතුමනි, ශිල්ප ශාස්ත්‍ර තියෙන්නේ තමන්ට සැපසේ වාසය කිරීම පිණිස ලබාගැනීමට යි. නමුත් ඇතැමෙක් තමන් ඉගෙනගත් ශිල්පය වැරදියට පාවිච්චි කොරන්ට ගොහින් විනාශයට පත් වෙනවා. වැරදියට දමාපු පාවහන් දෙකින් පැටලී වැටී දුකට පත් වෙනවා වගෙයි" කියලා මේ ගාථාවන් පැවසුවා.

(1)

මිළට ගත්තෙ පාවහන් ගමන් බිමන්
- සුවසේ යන්නට කියලයි

තමන් ගත්තු පාවහන් තවකෙනෙකුට
- ලබාදෙන්නෙ දුක් කරදර ම යි
එය ගත්තේ අව්වට රත් වූ පොළොවේ
- පයට පහසුවක් දෙන්ටයි
වැරදි ලෙසට දාගත්තොත් පාවහන් ද
- පාදයන්ට ලැබදෙන්නේ තුවාල ම යි

(2)

ඒ අයුරින් අසත්පුරුෂ නීච කෙනා ශිල්ප
- හදාරන්නට ගුරුවරුන් වෙතට එන්නේ
ඒ ගුරු ඇසුරෙන් ම ඔහුත් සිප්සතරත්
- ඉතා හොඳින් අසා දරා ගන්නේ
තමන් උගත් ශිල්පය ම යි අසත්පුරුෂ
- කෙනාව ලොව වනසා ලන්නේ
මිළට ගත්තු පාවහනින් තමන්ගෙ පය තුවාල වී
- එයින් ම වැනසී ගිය අය වැන්නේ

බෝධිසත්වයන්ගේ මේ කතාව ඇසූ රජ්ජුරුවෝ බොහෝම පැහැදුනා. බෝධිසත්වයන්ට බොහෝ ධනය දුන්නා. එයින් ම බෝධිසත්වයෝ මහත් කීර්තියට පත් වුනා.

මහණෙනි, එදා ශිෂ්‍යයා වෙලා සිටියේ දේවදත්ත. ආචාර්යපාදයෝ වෙලා සිටියේ මම ය" කියා භාග්‍යවතුන් වහන්සේ මේ ජාතකය නිමවා වදාළා.

02. වීණාථූණ ජාතකය
වීණාවේ වකගැසුන දණ්ඩ ගැන කතාව

පින්වතුනේ, පින්වත් දරුවනේ,

සමහර දරුවන් ඉතා මෝඩයි. තමන්ගේ මෝඩකම නිසා කරගන්නා දේ ඒ ආත්මයෙන් අවසන් වෙනවා නම් කමක් නෑ. නමුත් ඒ දේවල් ආත්මෙන් ආත්මෙට යනවා. මෙය එබඳු කතාවක්.

ඒ දිනවල අපගේ භාග්‍යවතුන් වහන්සේ වැඩ වාසය කොට වදාළේ සැවැත්නුවර ජේතවනයේ.

ඔය කාලයේ සැවැත්නුවර එක්තරා සිටු නිවසක පිටේ මොල්ලිය ලොකුවට තියෙන විශාල වෘෂභයෙකුට බොහෝ සත්කාර සම්මාන ලැබුනා. එතකොට ඒ ගෙදර සිටි දියණිය තමන්ගේ කිරිමවගෙන් මෙහෙම ඇහැව්වා.

"මෑණියෙනි.... මේ ගෙදර තව කොතෙකුත් ගවයන් ඉන්නැද්දී ඇයි මෙයාට විතරක් මෙතරම් සැලකිලි සම්මාන දක්වන්නේ?"

"දියණියෙනි... මෙයා සාමාන්‍ය ගවයෙක් නොවෙයි. බලන්ට මේකාගේ මොල්ලියේ විශාල. බලන්ටකෝ මේකාගේ හැඩ. මෙයා වෘෂභ රාජයෙක්. මෙවැනි අය සත්කාර සම්මාන ලබනවා නොවැ."

"ඕ... හෝ..." කියලා සිටු කුමාරි නිශ්ශබ්ද වුනා. ඒ පිළිතුරින් සිටුකුමාරිට තේරුනේ ඒ ගවයා එතරම් සැලකිලි සම්මාන ලබන්ට තරම් විශේෂ වුනේ ඔහුගේ පිටේ මොල්ලිය ලොකුවට තිබුනු නිසාය කියලයි.

දවසක් සිටු දියණිය තම ප්‍රාසාදයේ සඳළු තලයේ සිට පාර දිහා බලාගෙන සිටියා. එතකොට ඈ දැක්කා ගවයෙකුගේ මොල්ලියක් වගේ පිට කුදු ගැසුනු මිනිහෙක් පාරේ යනවා. එතකොට ඈ මෙහෙම සිතුවා. "ෂා...! අන්න... අපේ කිරිඅම්මා කීවේ ගවයන් අතරේ උන්නු ප්‍රධාන ගවයා වෘෂභරාජයා වුනේ පිටේ මොල්ලිය ලොකුවට තිබුන නිසාය කියලයි. අර... අර යන මනුෂ්‍යයාත් එසේ නම් ප්‍රධාන මිනිසෙක් වෙන්ට ම ඕනෑ. අර පිටේ අපූරු මොල්ලියකුත් තියෙන්නේ! මෙයා නම් ඇත්තෙන්ම මනුස්ස වෘෂභයෙක්. පූද පූජාවන්ට සත්කාරයන්ට සුදුසු කෙනෙක්. මේ වගේ උත්තමයෙකුගේ පාදපරිචාරිකාවක් වෙන්ට, සෙනෙහෙබර බිරිඳක් වෙන්ට ලැබුනොත් කොතරම් අගේද?" කියලා ඈ දාසියකට හොරෙන් ම කතා කළා.

"අනේ... කෙල්ලේ මෙහෙ වරෙන්කෝ... කෝ... ඉක්මනට... අර දැක්කාද... ආන්න... අර කඩපිල ළඟ ම හිටගෙන ඉන්නේ. අපේ සිටුගෙදර වෘෂභරාජයාගේ වගේ හැඩ මොල්ලියක් තියෙන මිනිසා... අර... උඹ දැක්කනේ...

හැබැයි... උඹ වෙන කාටවත් කියනවා නොවෙයි... එයා තමයි මගේ හිමිකාරයා. බඹා කෙටූ එක්කෙනා. ඔව්... කෙල්ලේ... ඉතිං හනිකට ගොහින් කියාපං එයත් එක්ක යන්ට ලස්සන ම ලස්සන සිටු කුමාරියක් එනවා ය, ඒ නිසා අසවල් තැන ඉන්ට ය කියලා."

එතකොට දාසියත් ගිහින් අර කුදාට පණිවිඩේ කිව්වා. කුදාත් සිටු කුමාරි කිව් තැනට ගිහින් බලාපොරොත්තුවෙන් සිටියා. සිටු කුමාරි තමන්ට ගන්ට හැකිතාක් වටිනා බඩුමුට්ටු පොට්ටනියකට බැඳගෙන වෙස්වළාගෙන සිටු ගෙදරින් පහළට බැස්සා. කුදාත් සමඟ ඈත පළාතකට පැනලා ගියා.

සිටු කුමාරියක් පාරේ ගිය කුදෙක් එක්ක පැන ගියාය යන කතාව සැවැත්නුවර පුරා පැතිර ගියා. දම්සභාවේ රැස්වූ භික්ෂූන් වහන්සේලාත් මේ ගැන කතාවුනා.

"ඒකයැ ඇවැත්නි... අසවල් සිටුගෙදර සිටිය ලස්සන සිටු කුමාරිව දන්නවා නොවැ... හනේ හපොයි... ඈ මෝඩකොම හින්දා ම කරදරේක වැටුනා. ඒ සිටුගෙදර ලොකු මොල්ලියක් තියෙන වෘෂභයෙකුට පුද සත්කාර ලැබෙනවා. සිටු කුමාරි හිතා තියෙන්නේ මිනිසුන්නේ පිටේත් මොල්ලියක් තිබ්බොත් ඔහුත් ශ්‍රේෂ්ඨයි කියලා! ඉතින් ටිකක් කුදු ගැහුනු, පිට වකුටු මිනිහෙක්ව ඈ දැකලා. එයාත් එහෙනම් මනුස්ස වෘෂභයෙක් වෙන්ට ඕනෑය කියලා සිත පැහැදිලා. ඒ කුදාත් එක්ක පැන ගොහින්. මදෑ... ඇතිපදමේ මෝඩකොම!"

ඒ අවස්ථාවේ භාග්‍යවතුන් වහන්සේ එතැනට වැඩම කොට වදාළා. එතකොට භික්ෂූන් වහන්සේලා තමන් කතා කරමින් සිටි කරුණ භාග්‍යවතුන් වහන්සේට සැල කළා. භාග්‍යවතුන් වහන්සේ මෙසේ වදාළා.

"මහණෙනි... ඕක ඔය සිටු දූවගේ සසර පුරුද්දක්. ඔය කුදු මිනිහාත් සමග ඈ පැනලා ගියේ මේ ආත්මයේ විතරක් නොවෙයි. කලින් ආත්මෙත් ඔය මිනිහාට ම යි කැමති වුනේ. ඔය මිනිහාත් එක්ක ම යි පැන ගියේ" කියා

භාග්‍යවතුන් වහන්සේ මේ අතීත කතාව ගෙනහැර දක්වා වදාළා.

"මහණෙනි, ගොඩාක් ඉස්සර කාලෙක බරණැස්පුරේ බ්‍රහ්මදත්ත නම් රජ්ජුරු කෙනෙක් රාජ්‍ය කරමින් සිටියා. ඔය කාලේ බෝධිසත්වයෝ එක්තරා නියම්ගමක සිටු පවුලක ඉපදිලා කල් ඇවෑමෙන් සිටුවරයෙක් වුනා. තමන්ගේ දූ පුතුන් සමඟ වාසය කළා. දවසක් තමන්ගේ පුත්‍රයෙකුට බරණැස සිටුතුමාගේ දියණිය සරණ පාවා දෙන්ට දින නියම කරගත්තා.

ඒ බරණැස් සිටු ගෙදරත් වෘෂභරාජයෙකුට නිතර සත්කාර සම්මාන ලැබෙනවා. දවසක් සිටු කුමාරි තමන්ට උවටැන් කරන කිරිමවගෙන් මේ ගැන විමසුවා. එතකොට කිරිමව කීවේ ලොකු මොල්ලියක් තියෙන විශේෂ ජ්‍යෙෂ්ඨ ගවයෙක් නිසා මේ වෘෂභ රාජයා සැලකිලි සම්මාන ලබන බවයි. සිටු කුමාරිට සඳලු තලයේ සිටිද්දී පිට කුදු වූ මිනිසෙකු පාරේ යනවා දකින්ට ලැබුනා ඈ සිතුවේ මේ යන්නේත් පුරුෂ වෘෂභයෙක් ය කියලයි. ඉතින් ඈ තමන්ට ගන්ට හැකි තරම් වටිනා බඩුත් රැගෙන ඒ කුදා සමඟ පැන ගියා.

ඔය අතරේ බෝධිසත්වයෝ තමන්ගේ ඥාතීන් සමඟ ඒ සිටු දියණිය කැඳවාගෙන එන්ට බරණැස පිටත් වුනා. බෝධිසත්වයෝ ගියේ අර සිටු කුමාරි කුදාත් එක්ක පැනලා යන පාරේ ම යි. ඒ දෙන්නා මුළු රාත්‍රිය ම පාරේ ආවා. මුළු රාත්‍රියක් සීතලෙන් ආ ගමන නිසා පාන්දර ඉර උදාවෙද්දී කුදාගේ ශරීරේ වාතේ කිපුනා. බලවත්ව ඇඟපත කැක්කුම් කරන්ට පටන් ගත්තා. ඉතිං ඔහු පාරෙන් ඉවත්වෙලා වේදනාවෙන් කෙඳිරි ගගා වීණා

දණ්ඩක් වගේ අත් පා හකුලාගෙන හාන්සිවෙලා හිටියා. සිටු දියණිය ඔහුගේ පාමුල වාඩිවෙලා උන්නා.

බරණැස් සිටු ගෙදර බලා යමින් සිටි බෝධිසත්වයෝ වකුටු වී නිදා සිටින අසරණ කුදෙකුගේ පාමුල වාඩි වී සිටින සිටු දියණියව හඳුනා ගත්තා. හඳුනාගෙන ඈ සමඟ කතා කරමින් මේ ගාථාව පැවසුවා.

(1)

දුවේ නුඹට මොකද වුනේ
- තනි සිතකින් කුදෙක් එක්ක
- පලා ඇවිත් ඉන්නේ
නුවණක් නැති මහලු වෙච්චි
- මේ කුදාට තවෙකෙක් රැකගන්නට
- බැරි බව දැකපන්නේ
උදාර සිටු පවුලක සිට අලංකාර රුවක් ඇතිව
- නුඹ වැදගත් දරුවෙක් බව
- දැන්වත් සිතපන්නේ
කුදෙක් සමඟ දීග යන්ට
- සිතූ නුඹේ අදහස නම්
- නුඹට නොගැලපෙන්නේ

එතකොට සිටු දියණිය බෝධිසත්වයන්ට මේ ගාථාවෙන් පිළිතුරු දුන්නා.

(2) අනේ මාමෙ මං කියන්නෙ ඇත්තක් ම යි
මං හිතුවේ මේ ඇත්තා පුරුෂවෘෂභයෙක් කියලයි
මං මෙයාට කැමති වුනේ උත්තම මිනිසෙක් කියලයි
දැං මේ බිම වැතිරී හැකිලී ඉන්න හැටිත් දුකයි
සියලුම තත් ගැලවී ගිය වීණා දණ්ඩක් වාගෙයි

කරුණු විමසාගෙන යද්දී බෝධිසත්වයන්ට මේ කාරණේ පැහැදිලි වුනා. තමුන්නේ ගෙදර සැලකිලි ලබාපු වෘෂභ රාජයාගේ මොල්ලිය නිසා සිටු කුමාරි මේ කුදු මිනිහාට උතුම් මිනිසෙක් කියලා හිතා තියෙනවා. ඇගේ මෝඩකොම නිසා මෙය සිදු වී ඇති බව වැටහුනා. ඉතින් බෝධිසත්වයෝ ඈ කෙරෙහි අනුකම්පා කළා. ඈට අවවාද කොට ස්නානය කරවා, අලංකාර වස්ත්‍ර අන්දවා රථයට නංවාගෙන ගෙදර කැඳවාගෙන ගිහින් තම පුත්‍රයාට සරණපාවා දුන්නා.

මහණෙනි, එදා සිටු දියණිය වෙලා සිටියේ මෙදාත් කුදු මිනිසා සමඟ පැන ගිය දියණිය ම යි. කාසි ගමේ සිටුවරයාව සිටියේ මම ය" කියා භාග්‍යවතුන් වහන්සේ මේ ජාතකය නිමවා වදාළා.

03. විකණ්ණක ජාතකය

වකුටු කොකු ඇති යකඩ හුල ගැන කතාව

පින්වතුනේ, පින්වත් දරුවනේ,

ලෝකයේ ඇති පංච කාමය කියන්නේ සත්වයන්ව කාන්දමකට ලෝහ ඇද බැඳ ගන්නවා වගේ ඇද බැඳ ගන්නා දෙයක්. තමන්ගේ සිතෙහි කැමැත්ත ඇති වූයේ යම් රූපයකට ද, යම් ශබ්දයකට ද, යම් සුවඳකට ද, යම් රසයකට ද, යම් පහසකට ද, ඔහුට නැවත නැවතත් මතක් වෙන්නේ ඒක ම යි. ඒකේ ම සිත බැසගන්නවා. මහත් පින් ඇති උදවිය නම් වීර්යයෙන් යුක්තව ඒවා අත්හරිනවා. මේ බුද්ධ ශාසනේ පිහිට ලබාගත්තේ එබඳු වීර්යය ඇති පින්වන්තයින් ම යි.

මේ කතාවෙන් කියැවෙන්නේ පංච කාමය ගැන ආශාව අත්හැර ගන්ට බැරිව සිටි භික්ෂුවක් භාග්‍යවතුන් වහන්සේගේ කාරුණික පිහිට ලැබීමෙන් රැකවරණය ලද ආකාරයයි.

ඒ දිනවල අපගේ ශාස්තෘන් වහන්සේ වැඩ වාසය කොට වදාළේ සැවැත් නුවර ජේතවනයේ. ඔය කාලේ එක්තරා භික්ෂුවක් සිවුරු හැර යන අදහසින් පසු වුනා. භික්ෂූන් වහන්සේලා කොතෙකුත් කරුණු කිව්වා. ඒත් ඒ භික්ෂුවට තම අදහස අත්හැර ගන්ට බැරි වුනා. අන්තිමේදී

භික්ෂූන් වහන්සේලා ඒ භික්ෂුව භාග්‍යවතුන් වහන්සේ ළඟට කැඳවාගෙන ගියා. භාග්‍යවතුන් වහන්සේ මෙසේ අසා වදාළා.

"හැබෑද භික්ෂුව... ඔබට සිවුර හැර යන්ට ම ද හිතෙන්නේ?"

"එහෙමයි භාග්‍යවතුන් වහන්ස."

"ඇයි භික්ෂුව... මේ පැවිදි ජීවිතේ එපා වෙන්ට හේතුව කුමක්ද?"

"අනේ ස්වාමීනී... මගේ සිතේ පංචකාමයන් ගැන ම ආශාව හටගන්නවා. හිත ඒකේ ම බැසගන්නවා. පැවිදි ජීවිතේ ගෙවන්ට පින් මදි ය කියාලයි මට සිතෙන්නේ."

"නෑ... භික්ෂුව... ඔය පංච කාමයන්ගේ හැටි. පංච කාමයන්ට ආශාව ඇති වුනා ම වක ගැහී ගිය කොකු පහක් තියෙන යකඩ උලක් හදවතේ ඇනුනා වගේ තමයි. වක ගැහී ගිය කොකු පහක් ඇති යකඩ හුලක් පපුවට වැදුනු මහා කිඹුලෙක් ඒ නිසා ම මරණයට පත් වුනා නොවැ" කියා මේ අතීත කතාව ගෙනහැර දක්වා වදාළා.

"මහණෙනි, ගොඩාක් ඉස්සර කාලෙක බරණැස්පුරේ බ්‍රහ්මදත්ත නමින් රජ්ජුරු කෙනෙක් රාජ්‍ය විචාරමින් සිටියා. ඒ රජ වෙලා සිටියේ මහා බෝධිසත්වයෝ. දවසක් දා බෝධිසත්වයෝ උයන් ක්‍රීඩාවට ගොහින් පොකුණ අසලට පැමිණියා. ඒ වෙලාවේ ලස්සන නටන ගයන උදවිය ඇවිත් මිහිරි සංගීත නාදයෙන් අවට කුල්මත් කරවමින් නැටුමක් ඉදිරිපත් කළා. වාද්‍ය වෘන්දයන් හා මුසු වූ ඒ ගී නද මොනතරම් සුමිහිරි ද යත් රජ්ජුරුවෝ පොකුණ අයිනෙන් යද්දී ගී හඬට බැඳී ගිය පොකුණේ

මාළුන් ඉබ්බන් පවා ඒ අනුව ගියා. රජ්ජුරුවෝ මෙය දැක්කා.

"මේ... මේං බලන්ට මිතුරනි... ඔය... ඔය ජලයේ මහා තල්කඳක ප්‍රමාණයේ මාළුන් රැනක් මා යද්දී මා පස්සෙන් වැටී ගෙන එන අයුරු!"

ඒ මාළුන් ආසා කළේ රජුන් සමඟ යන සංගීත කණ්ඩායමේ මිහිරි නාදය අසන්ටයි. මෙය අන් අය දැන සිටියේ නෑ. ඔවුන් මෙහෙම පිළිතුරු දුන්නා.

"එසේය දේවයන් වහන්ස, අසිරියක් මැ යි. මේ මත්ස්‍යයෝ පවා දේවයන් වහන්සේට උපස්ථාන කරනවා!"

"ඕ... හෝ... අමාත්‍යවරුනි... එසේ නම් මාත් මාගේ මේ සහෘද මත්ස්‍යයන්ට සළකන්ට එපා යැ. ඔව්... එසේ නම් අද පටන් මං මේ පොකුණේ සිටිනා මාළුන්ට නිති බත් වැටක් පනවනවා."

එදා පටන් පොකුණේ මාළුන්ට අමුණක සහලින් කළ බත් ලැබුනා. ඒ බත් දමන ඇතැම් දවස්වලට ඔවුන් එනවා. ඇතැම් දවස්වල එන්නේ නෑ. එයින් බත් නාස්ති වුනා. සේවකයෝ රජ්ජුරුවන්ට මේ බව දැනුම් දුන්නා.

"එහෙම නම් බත් දෙන්ට කලින් බෙරයක් ගසාපන්. බෙර හඬට මාළුන් ඒවි. එතකොට බත් දීපං."

එතැන් පටන් මාළුන්ට බත් දෙන සේවකයා ඉස්සෙල්ලා ම බෙරය ගසනවා. එතකොට එතැනට මාළු රැස්වෙනවා. ඊට පස්සේ බත් දානවා. ටික දවසක් යද්දී ඔය පොකුණට කිඹුලෙක් ආවා. බත් කන්ට මාළුන් රැස්

වූ වෙලාවට කිඹුලා ඇවිත් මාළුන්ව කා දමනවා.

බත්දෙන සේවකයා මේ බව රජ්ජුරුවන්ට දැනුම් දුන්නා. "ම්... එහෙමද... එහෙනම් ඒකාට යස පාඩමක් උගන්වන්ට ඕනෑ. කිඹුලා මාළු කන වෙලාවට අර වකුටු කොකු තියෙන යකඩ උලෙන් ගහලා ගොඩට ඇද දමාපන්."

එතකොට බත්දෙන සේවකයා වකුටු කොකු ඇති යකඩ උලත් අතට අරගෙන ඔරුවට ගොඩවෙලා බලා සිටියා. එදාත් මාළුන් කන්ට කිඹුලා ඇවිත් හිටියා. හොඳට වැර අරගෙන යකඩ උලෙන් කිඹුලට ගැහැව්වා. කිඹුල් පිටේ ඇතුලට කොකු පහ ම කිඳා බැස්සා. වේදනාවට පත් කිඹුලා එයත් පිටේ තිබියදී ම පලා ගියා. ඌගේ පිටේ කොකු සහිත යකඩ උල ඇණී ගිය බව දත් සේවකයා ගාථාවකින් මෙහෙම කිව්වා.

(1)

හරි හරි කිඹුලෝ දැන් නුඹ කැමති
- තැනක කැමති විලසට පලයන්
මර්මස්ථානේ බලලයි විද්දේ මං
- වකුටු යකඩ කොක්කෙන්
බෙර හඬට ආපු මාළුවන්ව කන්න
- ඇවිත් වැදුනා නේද යකඩින්
මාළු කන්ට ආශාවෙන් ආපු නිසා
- නුඹේ ගමන් අවසන් බව දැනගන්

ඊට පස්සේ කිඹුලා ගිහින් තමන් ඉන්නා තැනට රිංගා ගත්තා. නමුත් කොක්ක පිටේ ඇතුලට කිඳා බැස තිබූන නිසා එයින් ම ජීවිතක්ෂයට පත් වුනා.

මහණෙනි, පංච කාමගුණයන් කියන්නේ වකුටු කොකු පහක් ඇති යකඩ හුල වගේ දෙයක්. එය ගලවා නොදැම්මොත් ඒ හේතුවෙන් තමා බරපතල විනාශයකට පත් වෙනවා. මෙසේ වදාළ භාග්‍යවතුන් වහන්සේ මේ ගාථාව වදාළා.

(2)

ඔය අයුරින් ලොවේ තිබෙන පස්කම්
- ගුණවලට කෙනෙක් බැඳුනෝතින්
සිතේ කෙලෙස් මතුව ඇවිත් දුකට
- වැටෙනවා ම යි ඔහු ඒ කරුණෙන්
නෑ හිත මිතුරන් අතරේ දුක් විඳින්නේ
- යකඩ කොක්ක ඇනුන ලෙසින්
මාළු කන්ට ගොස් කොකු ඇති හුලින්
- පහර කෑ කිඹුලා විලසින්

මෙසේ වදාළ භාග්‍යවතුන් වහන්සේ චතුරාර්ය සත්‍ය ධර්ම දේශනාව පවත්වා වදාළා. ඒ දේශනාවගේ අවසානයේ සිවුරු හරින්ට සිතා සිටි භික්ෂුව සෝවාන් ඵලයට පත් වුනා.

"මහණෙනි, එදා බරණැස් රජුව සිටියේ මම යි" කියා භාග්‍යවතුන් වහන්සේ මේ ජාතකය නිමවා වදාළා.

04. අසිතාභූ ජාතකය

අසිතාභූ කුමරියගේ කතාව

පින්වතුනේ, පින්වත් දරුවනේ,

ඇතැම් දරුවන් ඉතා සැනසිලිදායක යහපත් ජීවිතයක් ගත කිරීමේ අපේක්ෂාවෙන් මහත් සතුටින් විවාහ ජීවිතයකට එළඹෙනවා. නමුත් ටික දවසක් යද්දී තමන් බලාපොරොත්තු වූ ආදරය, සෙනෙහස තමාට නොලැබී යනවා. තමන් තනි වෙනවා. එවන් අවස්ථාවන්වලදී බොහෝ දූ පුතුන් හදිසි තීරණ ගන්නවා. එකට එක කරන්ට හිතනවා. එහෙමත් නැත්නම් අඬදබර කරගන්නවා. ඇතැම්විට දුරාචාරයට පෙළඹෙන්ටත් ඉඩ තියෙනවා. යම් හෙයකින් තමාට එවැනි නොසිතූ නොපැතූ දෙයක් වුනෝතින් බොහෝවිට අසන්ට ලැබෙන්නේ ඔවැනි දේ තමයි.

නමුත් එක පැත්තකින් ජීවිතය අසාර්ථක වෙද්දී තවත් පැත්තකින් ජීවිතය අතිශයින්ම සාර්ථක කරගත් පින්වන්ත කුමරියක් ගැනයි මේ කතාව.

ඒ දිනවල අපගේ භාග්‍යවතුන් වහන්සේ වැඩ වාසය කළේ සැවැත්නුවර ජේතවනයේ. ඔය කාලේ සැවැත්නුවර අපගේ අග්‍රශ්‍රාවක මහෝත්තමයන් දෙදෙනා වහන්සේට උපස්ථාන කරන එක්තරා පවුලක් හිටියා.

ඔවුන්ට ඇස් කඩා හැලෙන රූප ශෝභාවෙන් යුතු ඉතා සුන්දර දියණියක් සිටියා. ඉතින් මේ ගෙදර දෙමාපියෝ තම සුන්දර දියණියව තමන්ගේ කුල පරම්පරාවට ගැලපෙන පවුලකට විවාහ කොට දුන්නා.

ටික දවසක් ගියාට පස්සේ මේ දියණියට තේරෙන්න පටන් ගත්තා. තමන්ගේ ස්වාමියාට තමන් ඉන්නවද කියලත් ගණනක් නෑ. වෙනත් වෙනත් ස්ත්‍රීන් සමඟත් ඇයි හොඳයිකම් පවත්වනවා. ඔවුන් සමඟ රහස් ගනුදෙනු පවත්වනවා. ඔහුගෙන් තමන්ට ආදරයක් නොලැබෙන බවත් වෙනස්කම් ලැබෙන බවත් තේරුනා. නමුත් ඒවා ගැන සිතට තද දුකක් ගත්තේ නෑ. දවසක් ඈ අග්‍රශ්‍රාවක දෙදෙනා වහන්සේ ප්‍රධාන භික්ෂූන්ට දානයකට ආරාධනා කළා. ඈ බොහෝම වෙහෙස මහන්සියෙන් සැමියාගෙන් උදව්වක් නැතිව නමුත් මහත් සතුටින් දන් දුන්නා. එදා දානයෙන් පසු බණ අසද්දී ඈ සෝවාන් ඵලයට පත් වුනා.

ඈ එදා පටන් ත්‍රිවිධ රත්නයේ ගුණ මෙනෙහි කරමින් ආර්යකාන්ත ශීලයේ පිහිටා මහත් සතුටින් වාසය කළා. දවසක් ඈ මෙහෙම සිතුවා. "අනේ මගේ ස්වාමියා මට කැමතිත් නෑ. ඔහු මා ගැන අපේක්ෂාවක් නැති එකේ මටත් දිගටම මෙහෙම ජීවිතයක් ගත කිරීමේ තේරුමක් තියේ ද! මේ ගෙදරක ගත කරන කාලේ මට භික්ෂුණියක් වෙන්ට ලැබුනොත් තවදුරටත් ධර්මයේ ම හැසිරෙන්ට පුළුවනි" කියලා සැමියාට තම අදහස දැනුම් දුන්නා.

ඔහු කැමති වුනා. දෙමාපියන්ගෙනුත් කැමැත්ත ගත්තා. මෙහෙණවරට ගොහින් පැවිදි වුනා. භික්ෂුණී සංඝයාට එකතු වුනා. ටික කලකින් ඈ අරහත්වයට පත්වුනා.

ඇගේ ජීවිතයට ඉවසීමෙන් යුක්තව කරගත් යහපත ගැන භික්ෂූන් වහන්සේලාටත් දැනගන්ට ලැබුනා. දවසක් දම්සභා මණ්ඩපයට රැස්වූ භික්ෂූන් වහන්සේලා මේ ගැන කතාබස් කරමින් සිටියා.

"අන්න... ඇවැත්නි... අපගේ අග්‍රශ්‍රාවකයන් වහන්සේලාගේ උපස්ථායක අසවල් පවුලේ දියණිය ජීවිත ගැටලුව විසඳාගත් සැටි නම් හරි අගෙයි. ඇගේ විවාහ ජීවිතේ අසාර්ථක වුනා. ඇ කලබල වුනේ නෑ. ස්වාමියා ඇට අකැමති වෙද්දී ඇ ජීවිතේ අර්ථය සෙව්වා. දෑගසව්වන් වහන්සේලා වඩමවාගෙන දන් දුන්නා. එදා ඇ බණ අහද්දී ජීවිතයේ අර්ථය හමුවුනා. ඇ සෝවාන් ඵලයට පත් වුනා. පස්සේ ඇ මව්පියන්ගෙනුත් අවසර ගෙන පැවිදි වුනා. දැන් ඇ රහත් මෙහෙණියක් ලූ. ඇවැත්නි... ඒ කුමරිය නම් ජීවිතේ සැබෑ යහපත කුමක්ද කියා සොයාගන්ට දක්ෂ වුනා... හරිම අගෙයි!"

ඒ අවස්ථාවේ අපගේ ශාස්තෘන් වහන්සේ එතැනට වැඩම කොට වදාළා. භික්ෂූන් වහන්සේලා තමන් කතාබස් කරමින් සිටි කරුණ භාග්‍යවතුන් වහන්සේට සැළකොට සිටියා. භාග්‍යවතුන් වහන්සේ මෙසේ වදාළා.

"මහණෙනි, ජීවිතයේ අර්ථය කුමක්දැයි සොයන එක ඇගේ සසර පුරුද්දක්. ඒ නිසා ඔය කුල දියණිය ජීවිතයකට ලද හැකි යහපත කුමක් දැයි සොයා ගියේ මේ ආත්මයේ විතරක් නොවෙයි. මීට කලින් ආත්මෙකත් ඇ ගිහි ජීවිතයේ ප්‍රශ්න අතරේ ඉතා නුවණැතිව ජීවිතයක ලද හැකි යහපත කුමක් දැයි සොයා ගියා" කියා අපගේ භාග්‍යවතුන් වහන්සේ මේ අතීත කතාව ගෙනහැර දක්වා වදාළා.

"මහණෙනි, ගොඩාක් ඉස්සර කාලෙක බරණැස්පුරේ බ්‍රහ්මදත්ත නමින් රජ්ජුරු කෙනෙක් රාජ්‍ය විචාරමින් සිටියා. ඔය කාලේ මහා බෝධිසත්වයෝ ඍෂි පැවිද්දෙන් පැවිදි වෙලා අෂ්ට සමාපත්ති, අභිඥා ආදිය උපදවාගෙන හිමාල වනාන්තරේ වාසය කළා.

ඔය කාලේ බරණැස් රජ්ජුරුවන්ට බ්‍රහ්මදත්ත නමින් පුත් කුමාරයෙක් සිටියා. ඒ පුත් කුමාරයාගේ පිරිවර සම්පත් දැකලා රජ්ජුරුවන්ට තම පුත්‍රයා රාජ්‍ය පැහැර ගනීවත් දෝ කියා සැක හිතුනා. හිතිලා පුත්‍ර කුමාරයාව බරණැස් රාජ්‍යයෙන් පිටුවහල් කළා. එතකොට බඹදත් කුමාරයා අසිතාභූ නමැති තම සුරූපී දේවියත් රැගෙන හිමාල වනයට ගියා. ගිහින් වනයෙන් සොයාගත හැකි දේ අනුභව කරමින් පන්සල් තනවා ගෙන වාසය කළා.

දවසක් මේ බ්‍රහ්මදත්ත කුමාරයාට කිඳුරියක් දකින්ට ලැබුනා. කිඳුරිය දුටු ගමන් මොහු ඇට වසඟ වුනා. ඇව තමන්ගේ මෙහෙසිය කරගන්ට ඕනෑ කියලා අසිතාභූ දේවිය අත්හැර ඈ පසුපසින් ගියා. එතකොට අසිතාභූ දේවිය මෙහෙම සිතුවා 'මොහු මං ඉන්නවාද කියාවත් ගානකට නොගෙන, මා අත්හැර කිඳුරියක පසුපස්සේ ගියා නොවැ. මොහු ගැන අපේක්ෂාවෙන් ඉන්න එක තවදුරටත් තේරුමක් නෑ. මීට වඩා හොඳයි ජීවිතේට ලද හැකි යහපත සොයාගෙන වනන්තරේ ඉන්න තාපසින්නාසේ ළඟට යන එක' කියලා ඈ බෝධිසත්වයෝ සොයාගෙන ගියා. වන්දනා කොට තමන්ට භාවනා කරන්ට උපදෙස් ඉල්ලුවා. බෝධිසත්වයෝ කසිණ භාවනාව කියා දුන්නා. ඈ සුළු කලකින් අභිඥා සමාපත්ති උපදවාගෙන බෝධිසත්වයන්ට වන්දනා කොට අහසින් පිටත් වුනා. තමන් සිටි පන්සලේ දොරකඩ සිටගත්තා.

බ්‍රහ්මදත්ත කුමාරයා කිඳුරී පස්සේ ගොහින් ඈ ගිය මග සොයාගන්ට බැරි වුනා. බලාපොරොත්තු සුන් කරගෙන ආපසු පන්සලට එමින් සිටියා. එතකොට අසිතාභූ දේවිය ඔහු ආසන්නයට එද්දී අහසට පැන නැංගා. නිල් මැණික් තලාවක් වන් ගගන තලයේ සිට "ආර්ය පුත්‍රය, මං තොප නිසා ය මේ ධ්‍යාන සුබය ලදුයේ" කියා මේ ගාථාව පැවසුවා.

(1) **කුමරුනි ඔබ මා අතහැර කිඳුරිය පසුපස ගියා**
එනිසා මා මෙය ලැබුවා පෙම් සිත පසෙකින් තියා
නැවතත් එය හට ගන්නට බැරි ලෙස නැති වී ගියා
කියතින් සිඳි ඇත් දළ සේ මගෙ සිත දැහැනට ගියා

එතකොට කුමාරයා දෑස් විදහාගෙන සිදු වී ඇති දෙය අදහාගත නොහැකිව පුදුමයෙන් බලා සිටියා. "සිඳී ගිය ඇත් දළ ආයෙමත් හස්තියාගේ දළට එකතු කොරන්ට බැහැ නොවැ. අන්න ඒ අයුරින් තොප කෙරෙහි මා සිතේ තිබූ බැඳීම් නැවත එක් නොකළ හැකි ලෙසින් ම නැති වී ගියා" කියා අහසට පැන නැගී ඈ දැහැන් සුවයෙන් සිටිය හැකි පහසු තැනකට ගියා. ඈ නොපෙනී ගියවිට බඹදත් කුමාරයා හිස අත් ගසාගෙන වැලපෙමින් මේ ගාථාව පැවසුවා.

(2)

නොදකින් මගේ සිතේ ඇති
- නීච ආශාවයි අති ලෝභයයි
අධි තෘෂ්ණාවයි මත් වීම යි
- මා පහළට හෙලා දැම්මේ
පුරුෂ මදයෙන් මත් වෙලා අමතක වී
- ගියා නොවැ උතුම් කෙනා

අයියෝ මට මගේ අසිතාභූ
- නැතිවුනා නැතිවුනා

මේ විදිහට හඬා වැලපී ඔහුට පියරජතුමා අභාවයට පත්වන තුරු වනයේ තනියම ගත කරන්ට සිදු වුනා. පියරජු ඇවෑමෙන් බරණැසට ගොහින් තමා සතු රාජ්‍යය ලබා ගත්තා.

මහණෙනි එදා රාජපුත්‍රයාත්, දේවියත් වෙලා සිටියේ අද දෙන්නා ම යි. ඍද්ධිමත් තාපසින්නාන්සේ වෙලා සිටියේ මම ය" කියා භාග්‍යවතුන් වහන්සේ මේ ජාතකය නිමවා වදාළා.

05. වච්ඡනඛ ජාතකය

වච්ඡනඛ තාපසයා ගැන කතාව

පින්වතුනේ, පින්වත් දරුවනේ,

සසර ගමනක පටලැවී සිටින සත්වයන්ගේ පුරුදු ගැන ඉගෙන ගන්ට ලැබෙද්දී මහා පුදුමයක් ඇතිවෙනවා. බොහෝ විට සසර පුරා බොහෝ දෙනෙක් එකම දේ කරනවා. මෙයත් එබඳු කතාවක්.

ඒ දිනවල අපගේ ශාස්තෘන් වහන්සේ වැඩ වාසය කොට වදාළේ සැවැත්නුවර ජේතවනයේ. ඔය කාලේ අපගේ පින්වත් ආනන්දයන් වහන්සේගේ ගිහිකල යාළුවෙක් සිටියා, ඔහුගේ නම රෝජමල්ල. මොහු දවසක් අපගේ පින්වත් ආනන්දයන් වහන්සේට වඩින්ට ය කියා කෙනෙකු අත හසුනක් එව්වා. ඉතින් අපගේ අනඳ මහ තෙරුන් වහන්සේ ශාස්තෘන් වහන්සේගෙන් අවසර ලබාගෙන රෝජමල්ලගේ නිවසට වැඩියා.

රෝජමල්ලට එදා හරි සතුටුයි. ඔහු ඉතාම ප්‍රණීත ලෙස නොයෙක් ආහාර පාන පිළියෙල කෙරෙව්වා. තෙරුන්නාන්සේට ආදරයෙන් සංග්‍රහ කළා. තමන්ගේ පැරණි මිත්‍රයෙකු නිසා අපගේ ආනන්දයන් වහන්සේ සමඟ පිළිසඳර කතාබහේ යෙදෙමින් සිටිනා අතරේ මෙහෙම කිව්වා.

"ස්වාමීනී ආනන්දයන් වහන්ස, මයෙ ගෙදර ඕනෑ තරම් දේපළ වස්තුව තියෙනවා. කුඹුරු වතුපිටි, හරකබාන, යානවාහන හැම දෙයක් ම තියෙනවා. ඉතිං මං හරි කැමැතියි මගේ මේ සියලු දේපොළ හරියට දෙකට බෙදා එක් කොටහක් තමුන්නාන්සේට දෙන්ට. අනේ මිත්‍රයා, ආපසු ගෙදර එන්ට. අපි දෙන්නාට සතුටින් වාසය කොරන්ට ඇහැකි නොවැ."

"නෑ... රෝජමල්ල... ඔබට හිතෙන තරම් කාමයන් සුන්දර නෑ. ආශ්වාදජනකත් නෑ. ප්‍රීතිජනකත් නෑ. මේ කාමයන් නමැති අලංකාර මුතු අමුණා තියෙන්නේ දුක නැමැති නූල්පොටේ. මේ කාමයන් නිසා ලෝක සත්වයන්ට ටිකාක් සැප ලැබෙනවා තමයි. නමුත් ඒ නිසා ඔවුන්ට නොයෙක් ආත්මවල විඳින්ට සිදුවෙන දුක සුළුපටු නෑ. මේ කාමයන් නිසා ම යි සතර අපාය සිය නිවස කරගත් සත්වයා එයින් එතෙර වෙන්ට නොහැකිව ඉන්නේ..." ආදී වශයෙන් කාමයන් නිසා සත්වයාට විඳින්ට සිදු වී ඇති අනේක දුක්ඛ දෝමනස්සයන් පහදා දුන්නා. එතකොට ඔහු ආයෙ එහෙම කියන්න ආවේ නෑ.

අපගේ ආනන්දයන් වහන්සේ මෙසේ දහම් කතාව වදාරා ආපසු දෙව්රමට පැමිණියා. භාග්‍යවතුන් වහන්සේට වන්දනා කළා. භාග්‍යවතුන් වහන්සේ මෙසේ අසා වදාළා.

"කිම ආනන්දයෙනි... රෝජයන් මුණ ගැසුනා ද?"

"එහෙමයි ස්වාමීනී, ඔහු ඉතා සතුටින් දන්පැන් පිදුවා. ඊට පස්සේ ඔහු මට ගිහි ගෙදරට එන්ට කියා ඇවිටිලි කළා. මා ඔහුට ගිහි ගෙදර ඇති නොයෙක් කරදර කම්කටොලුත්, කාමයන්ගේ ඇති කටුක විපාකත් පැහැදිලි කළා."

"ආනන්දයෙනි, ඔය රෝජයා පැවිද්දන්ට ගිහි ජීවිතයෙන් සංග්‍රහ කරන්ට යෝජනා කළේ මේ ආත්මේ විතරක් නොවේ. මීට කලින් ආත්මෙකත් ඔය විදිහට ම කියලා තියෙනවා."

"අනේ ස්වාමීනී, මොහු කලින් ආත්මයේත් මේ විදිහට ම කාමයන් අනුභව කිරීමට පැවිද්දන්ට යෝජනා කළ කතාව වදාරණ සේක්වා!" යි ආනන්දයන් වහන්සේ භාග්‍යවතුන් වහන්සේගෙන් ඉල්ලා සිටියා. භාග්‍යවතුන් වහන්සේ මේ අතීත කතාව ගෙනහැර දක්වා වදාළා.

"මහණෙනි, ගොඩාක් ඉස්සර කාලෙක බරණැස්පුරේ බ්‍රහ්මදත්ත නමින් රජ්ජුරු කෙනෙක් රාජ්‍ය කළා. ඔය කාලේ මහා බෝධිසත්වයෝ එක්තරා නියම් ගමක බ්‍රාහ්මණ පවුලක උපන්නා. කල් ගතවෙද්දී ඔහු ඍෂි පැවිද්දෙන් පැවිදිවෙලා හිමාල වනයේ වාසය කළා. හිමාලයේ බොහෝ කල් වාසය කොට ලුණු ඇඹුල් සෙවීම පිණිස පහළට වඩිද්දී බරණැසටත් ආවා. ඇවිත් රාජ උද්‍යානයේ වාසය කොට පසුවදා බරණැස්නුවරට පිඩු සිඟා වැඩියා.

එදා බරණැස් සිටුතුමාට ශාන්ත ඉරියව්වෙන් වඩින මේ තාපසින්නාන්සේ දැක මහත් පැහැදීමක් ඇති වුනා. සිටු මැදුරට කැඳවාගෙන ප්‍රණීත ආහාර පානාදියෙන් උපස්ථාන කළා. තමන්ගේ උද්‍යානයේ ම වාසය කරන්ට සලස්වා නිතර ඇප උපස්ථාන කළා. මේ නිසා දෙන්නා තුළ ම එකිනෙකා කෙරෙහි සෙනෙහසක් ඇති වුනා.

දවසක් බරණැස් සිටුතුමා බෝධිසත්වයන් කෙරෙහි ඇති ආදරයත් විශ්වාසයත් නිසා මෙහෙම හිතුවා. 'අනේ මගේ මිත්‍ර වච්ඡනඛ තාපසින්නාන්සේ

මේ පැවිදි ජීවිතයක් නිසා නොසෑහෙන්ට දුක් විඳිනවා. හිමාලෙ ගියාට පස්සෙ හරි හමං කෑමක් බීමක්වත් නෑ නොවැ. මගේ ළඟ ඉන්නවා නම් මටත් උදව් කරන්ට පුළුවනි. ඒ නිසා මගේ මේ සම්පත් දෙකට බෙදන්ට ඕනෑ. ඔහුට භාගයක් දීලා මේ තපස් ජීවිතෙන් මුදවාගෙන මං වගේ ලස්සනට ඉන්ට සලස්වන්ට ඕනෑ. එතකොට අපි දෙන්නාට සමගියෙන් සතුටින් ඉන්ට පුළුවනි' කියලා.

බෝධිසත්වයෝ දවසක් සිටු මැදුරට දන් වළඳින්ට වැඩියා. දන් වළඳා අවසානයේ සිටුතුමාත් සමඟ මධුර කතාසල්ලාපයේ යෙදී සිටිනා අතරේ සිටුතුමා මෙහෙම කිව්වා. "ස්වාමීනී, වච්ඡනඛයෙනි, මට තේරෙන හැටියට පැවිද්ද කියන්නේ මහා දුකක්. ගිහි ජීවිතේ එහෙම නෑ. සැපසේ ඉන්ට පුළුවනි. ඒ නිසා අපි දෙන්නා සමගි සම්පන්නව මේ වස්තුව බෙදා හදාගෙන කාම සම්පත් පරිහරණය කරමින් සුවසේ ඉම්මු" කියා මේ ගාථාව පැවසුවා.

(1)

මා සුමිතුරු වච්ඡනඛය,
- ගිහි දිවියේ සැප තිබේය
මෙහි බොහො රන් රුවන් තිබේ
- මියුරු බොජුන් හැම තිබේය
කන්ට බොන්ට හැම තිබේය,
- ඉන්නට සැප තැන් තිබේය
තවුස් දිවියෙ දුක් අත්හැර
- මෙහි සිටියෝතින් අගේ ය

එතකොට බෝධිසත්වයෝ මෙහෙම සිතුවා. 'හප්පේ අපගේ සිටාණෝ මහා අනුවණයෙක් නොවැ'

කියා සිතා මෙහෙම කිව්වා. "මහසිටුවරය, ඔබට ගිහි ජීවිතයේ ඇති බරපතලකම තේරෙන්නේ නෑ. පැවිදි ජීවිතයේ අනුසස් තේරෙන්නෙත් නෑ. ඒ නිසා ගිහි ගෙදර ගුණ කිව්වා. පැවිදි බවේ නුගුණ කිව්වා. එහෙනම් අසා ගන්ට" කියා මේ දෙවන ගාථාව පැවසුවා.

(2)

කුඹුරු කරන්ටත් ඕනෑ සතුන් රකින්ටත් ඕනෑ
මහන්සියක් නොවුනෝතින් ගිහි ගෙදරක් නැත්තේ
කෙත්වතු ගන්ටත් ඕනෑ ධන උපයන්ටත් ඕනෑ
බොරු කියන්නෙ නැත්නම් හේ ගිහි ගෙදරක් නැත්තේ
නඩුහබ වලටත් පැටලේ සොර සතුරන්ටත් හසුවේ
ඔවුන්ට දඬුවම් නොකළොත් ගිහි ගෙදරක් නැත්තේ
පිරිහෙන්ට හැදෙන සිදුරු වසමින් පිළියම් කළයුතු
යහපත් සැපයක් ලැබීම ලේසි පහසු නැත්තේ
මෙය දන්නා කෙනා කවුද ගෙදරට පැටලෙන්නේ?

බෝධිසත්වයෝ ඔය විදිහට ගිහි ගෙදර ආදීනව පහදා දුන්නා. උයනට වැඩියා.

මහණෙනි, එදා බරණැස සිටුවරයා වෙලා සිටියේ රෝජමල්ල. වච්ඡනඛ තාපසින්නාන්සේව සිටියේ මම ය" කියා භාග්‍යවතුන් වහන්සේ මේ ජාතකය නිමවා වදාළා.

06. බක ජාතකය

කුහක වෙස් ගත් කොකාගේ කතාව

පින්වතුනේ, පින්වත් දරුවනේ,

කට්ට කයිරාටික කම්වලින් යුක්ත ලාමක මිනිසුන් හැම කාලෙකම සිටියා. එබඳු කපටි කුහක ගති ඇති මිනිසුන් පවා අපගේ භාග්‍යවතුන් වහන්සේ ජීවමානව වැඩ සිටි සමයේ මේ උතුම් බුදු සසුනේ පැවිදිව සිටත් තමන්ගේ පරණ පුරුදු ඒ හැටියෙන් ම පවත්වා තියෙනවා. මෙයත් එබඳු කතාවක්.

ස්වභාවයෙන් කෛරාටික පුද්ගලයෙක් නිර්මල බුදුසසුනේ පැවිදිව ඈත පළාතක වාසය කළා. දවසක් මොහුට අලුත් සිවුරක් ඕනෑ වුනා. ඒ සඳහා ඉතාම ලාමක උපායක් යෙදුවා. දිරාගිය පරණ සිවුරකට ගොරෝසුවට කැඳ වතුරේ දමා වේලාගෙන පඬු ගසා ගත්තා. හක් ගෙඩියක් රත් කොට එයින් සිවුර හොඳට මැදගත්තා. බැලූ බැල්මට කදිම සිවුරක් වගේ පේනවා. දැන් මොහු මේ සිවුරත් පොරවාගෙන සැවැත්නුවර ජේතවනයට ගියා. භික්ෂූන් අතර ගැවසෙන්ට පටන් ගත්තා. බොහෝ භික්ෂූන්ට මොහු පොරවා සිටි සිවුර දැක මහත් කැමැත්තක් හටගත්තා.

"අනේ ඇවැත්නි... හැබෑට කොහින්ද මේ සිවුර?

හරි අගෙයි. පාටත් හොඳා. ඉදීගිය නුග ගෙඩියේ පාට ම යි. මාත් කැමැතියි මෙවැනි සිවුරක් පොරවන්ට."

"හාපෝ... එහෙම දීලා පුළුවන් ද... අපි මේ නගරේ වගේ නොවෙයි. ඈත පළාත්වල ඉන්න උදවිය නොවැ... ම්... නමුත් ඉල්ලන නිසා ඔබවහන්සේලාට නොදීත් බෑ... එහෙනම් මං කියන්නම්... සිවුරු පිණිස ලැබූ අලුත් රෙදි තියෙනවා නොවැ. මට ඒවා දෙන්ට. මං එතකොට මේ සිවුර දෙන්නම්."

එතකොට ඔහු අලුත් ම සිවුරු රෙදිවලට තමා පොරවාගෙන ආ දිරාගිය සිවුර මාරු කළා. එය ලබාගත් භික්ෂුව ඒ අලුත් ලෙස පෙනී ගිය සිවුර කිළිටි වීමෙන් සේදුවා. එතකොට සිවුරේ කැඳත් ගියා, පඬුත් ගියා. දිරාගිය වැරහැලි රෙද්දක් බව පෙනී ගියා. එතකොට මොහු වංචාවක් කළ බව භික්ෂූන් වහන්සේලාට වැටහුනා. භික්ෂූන් වහන්සේලා මොහුව අකැමැත්තෙන් නමුත් භාග්‍යවතුන් වහන්සේ වෙත රැගෙන ගියා. කරුණු විමසා වදාළ අපගේ ශාස්තෘන් වහන්සේ මෙසේ වදාළා.

"මහණෙනි, මොහුගේ මේ කුහක කම අද විතරක් ඇති වූ දෙයක් නොවෙයි. පෙර ආත්මෙත් ඔහොම තමයි" කියා මේ අතීත කතාව ගෙනහැර දක්වා වදාළා.

"මහණෙනි, ගොඩාක් ඉස්සර කාලේ බරණැස්පුරේ බ්‍රහ්මදත්ත නමින් රජ්ජුරු කෙනෙක් රාජ්‍ය කරමින් සිටියා. ඔය කාලේ මහා බෝධිසත්වයෝ හිමාල වන පෙදෙසේ එක්තරා විලක මත්ස්‍යරාජයෙක් ව ඉපදිලා මහත් මත්ස්‍ය පිරිවරක් සමඟ වාසය කළා. ඔය අතරේ එක්තරා කොකෙක් මේ විලේ ඉන්න මාළු කන්ට ඕනෑ කියන ආශාවෙන් විලට ළං වෙලා තමන්ගේ අත්තටු දිග

හැරගෙන හිසත් පහතට කරබාගෙන හොරෙන් හොරෙන් දියේ පීනායන මාළුන් දෙස බලමින් ඔවුන්ගේ ප්‍රමාදයකට කුරුමානම් අල්ලමින් සිටියා.

ඒ වේලාවේ බෝධිසත්වයෝ මත්ස්‍ය සමූහයා පිරිවරාගෙන ගොදුරු කමින් පීනා යන අතරේ එතැනටත් ආවා. මාළු පිරිස ඒ කොකාව දැක මේ ගාථාව පැවසුවා.

(1)

අනේ හැබෑට ම මොහු නම්
- යහපත් පක්ෂියෙකු වගේ පෙනෙන්නේ
කුමුදු මලේ පැහැයෙන් යුතු
- අත්තටු දෙක දිගහැර ගෙන සිටින්නේ
ශාන්ත ඉරියව්වෙන් මොහු
- තැන්පත් වී කරබාගෙන සිටින්නේ
යාන්තමින් අපටත් මඳලස හෙළමින්
- කිසියම් භාවනාවකයි යෙදෙන්නේ

එතකොට බෝධිසත්වයෝ ඒ කොකාව දැක්කා. දැක මේ දෙවන ගාථාව පැවසුවා.

(2)

මුන්දෑගේ සීලෙ නොදැන
- මුන්දෑගෙ සැටිත් නොදැන
- පැසසුම් නොකරාපන්
මුන්දෑ මේ අප රකින්ට
- ආපු එකෙක් නොවනා බව
- හොඳහැටි සලකාපන්
මේකුන් අල්ලා කන්ට
- ඇත්නම් හරි අගෙයි කියා
- ඉන්නෙ බලාගෙන නිකන්

හැල හොල්මන් නැතිව කිසිත්
- සෙලවීමක් නැතිව කිසිත්
- සිටිනා හැටි බලාපන්

එතකොට මාළුන්ට කොකාගේ මායම තේරුනා. මාළු හැමෝම තදේට වරල් ගසා වතුර කළඹලා ශබ්ද කළා. එතකොට කොකා එතැනින් ඉගිල ගියා.

මහණෙනි, එදා ඒ කෛරාටික කොකා වෙලා සිටියේ මේ තැනැත්තා. මත්ස්‍යරාජයා වෙලා සිටියේ මම ය" කියා භාග්‍යවතුන් වහන්සේ මේ ජාතකය නිමවා වදාළා.

07. සාකේත ජාතකය

සාකේතයේ බ්‍රාහ්මණ යුවළගේ කතාව

පින්වතුනේ, පින්වත් දරුවනේ,

සමහර අවස්ථාවලදී එකම කෙනා නොයෙකුත් ආත්මවල අපගේ මව් වෙන්ට පුළුවනි, ලොකු අම්මා වෙන්ට පුළුවනි, පුංචි අම්මා වෙන්ට පුළුවනි, ඇතැම් විට ආත්ම හාර පන්සියය එහෙම වෙන්ට ඉඩ තියෙනවා. මේ කතාවෙන් අපට එබඳු දෙයක් තේරුම් ගන්ට අවස්ථාව ලැබෙනවා.

අපගේ භාග්‍යවතුන් වහන්සේගේ මේ අවසන් ආත්මයේ මව් වුනේ මහාමායා බිසොව. පියා වුනේ සුද්ධෝදන මහරජු. ඒ උතුම් මාපිය දෙදෙනා අප මහා බෝධිසත්වයන් හට නොයෙක් ලක්ෂ කෝටි වාර ගණන් මව්පියෝ වෙලා තියෙනවා. ඔය අතරවාරේ වෙනත් අයත් අප මහා බෝධිසත්වයන්ගේ මව්පියන් වෙලා තියෙනවා. මේ කතාවෙන් කියැවෙන්නේ ඒ ගැනයි.

ඒ දිනවල අප භාග්‍යවතුන් වහන්සේ වැඩ වාසය කොට වදාළේ සාකේත නුවර අඤ්ජන වනයේ. එදා භාග්‍යවතුන් වහන්සේ භික්ෂු සංඝයා පිරිවරාගෙන සාකේතයේ අඤ්ජන වනයට වඩිද්දී සාකේත නුවරවැසි එක්තරා බ්‍රාහ්මණයෙක් කිසියම් කරුණකට නගරයෙන් පිටතට යමින් සිටියා. ඔහුට එක්වරම අප භාග්‍යවතුන්

වහන්සේව දකින්ට ලැබුනා. එතකොට ඔහුට උන්හිටි තැන් අමතක වුනා. භාග්‍යවතුන් වහන්සේ ළඟට හඬාගෙන දුවගෙන ගියා. බිම වැටී භාග්‍යවතුන් වහන්සේගේ දෙපා වැළඳ මෙහෙම කියන්ට පටන් ගත්තා.

"අනේ මගේ පුත්‍රය... යසයි දරු කෙනෙක් මාපියන්ට සලකන හැටි! බලන්ට දැන් ඔයාගේ මාපියෝ මොනතරම් වයසයිද. ඇයි දෙයියනේ මෙතෙක් කල් අපිව බලන්ට නාවේ? මං තමයි ඔයාව යාන්තං දැක ගත්තේ.... හා... හා... යමු යමු... මැණියන්ව බලන්ට යමු එහෙනම්" කියා සාකේත බ්‍රාහ්මණයා භාග්‍යවතුන් වහන්සේව කැඳවාගෙන ගෙදර ගියා.

"කෝ... මේ... හාමිනේ... හනික එන්ට අනේ... මේං අපේ පුත්‍රයා ඇවිදින්..." භාග්‍යවතුන් වහන්සේ ඒ නිවසට වැඩම කොට පනවන ලද අසුනේ වැඩ සිටියා. බ්‍රාහ්මණිය ඇවිත් භාග්‍යවතුන් වහන්සේ දෙස බලා දෑස් ලොකු කරගෙන හිස අත් ගසාගෙන වැඳ වැටුනා.

"හනේ මයෙ පුතේ... තමුන්නේ මාපියන්ව මෙසේ මඟහැර ඉන්න එක බොහෝම වැරදියි! හනේ... මෙතෙක් කලක් මයෙ පුතා කොහේද ගොහින් හිටියේ?"

ඊට පස්සේ ඒ දෙන්නා දූ පුතුන් කැඳවා මෙහෙම කිව්වා. "දරුවනේ... ඕං... දැක්කා නොවැ... ඔයාලාගේ සහෝදරයන් වහන්සේ. හා... ඉතින් වන්දනා කොරගනින් දරුවනේ..."

මෙහෙම මහා බලවත් ස්නේහයකින් භාග්‍යවතුන් වහන්සේව පිළිඅරගෙන මහා දානමානාදියෙන් ඇප උපස්ථාන කළා. භාග්‍යවතුන් වහන්සේ ඒ දෙදෙනාට ජරා

සූත්‍රය වදාළා. ඒ දෙසුම අවසානයේ දෙදෙනාම අනාගාමී ඵලයට පත් වුනා.

එදා සිදු වූ මේ සිදුවීම ගැන භික්ෂූන් වහන්සේලා කතාකරමින් සිටිද්දී දම්සභා මණ්ඩපයට වැඩමවා වදාළ භාග්‍යවතුන් වහන්සේ මෙසේ වදාළා.

"දැන් බලන්ට මහණෙනි, ඒ සාකේත බ්‍රාහ්මණයා පන්සියයක් ආත්මවලදී බෝධිසත්වයන්ගේ පියා වෙලා සිටියා. පන්සිය ආත්මයක් සුළු පියා වෙලා සිටියා. පන්සිය ආත්මයක් ලොකු තාත්තා වෙලා සිටියා. ඒ බ්‍රාහ්මණියත් ඒ වගේම පන්සියයක් ආත්මවල මව් හැටියටත්, සුළු මව් හැටියටත්, ලොකු අම්මා හැටියටත් හිටියා."

එතකොට භික්ෂූන් වහන්සේලා "ස්වාමීනී, භාග්‍යවතුන් වහන්ස, කෙනෙකු කෙරෙහි හටගත් ආදරයක් සෙනෙහසක් චිත්ත සන්තානයක මේ අයුරින් පැළපදියම් වන්නේ කොහොම ද?" කියා අසමින් මේ ගාථාව පැවසුවා.

(1)

භගවත් මුනිඳුනි මේ ගැන පහදා දුන මැනව අපට
කෙනෙකු දුටුව පමණින් ඔහු ගැන ඇතිවේ සිතේ සතුට
සිහිල් වෙලා යයි හදවත පැහැදීමක් දැනේ සිතට
කිම සිදුවන්නේ එලෙසට කුමක් හේතුවෙයි ද එයට

මේ පැනයට පිළිතුරු වශයෙන් අපගේ භාග්‍යවතුන් වහන්සේ මේ ගාථාව වදාළා.

(2)

පෙර සසරේ නෙක අයුරින් නිතර එක්ව විසුව නිසා
මේ භවයෙදි දුටු පමණින් සිත පැහැදී යයි එනිසා

ආදරයෙන් කල් ගතකොට දිගින් දිගට ආව නිසා
යළි එක් වෙයි දියේ පිපී ගිය මහනෙල් මල විලසා

මහණෙනි, පූර්ව ආත්මභාවයන්හිදී තමන්ගේ මව් වශයෙන් හෝ පියා වශයෙන් හෝ පුතු වශයෙන් හෝ දියණිය වශයෙන් හෝ සොයුරා වශයෙන් හෝ සොයුරිය වශයෙන් හෝ ස්වාමියා වශයෙන් හෝ බිරිඳ වශයෙන් හෝ එකට වාසය කිරීම හේතුවෙන් මේ ආත්මයේදී ඇතැම් අය ගැන ස්නේහය ඇතිවෙනවා. ඒ වගේම මේ ආත්මයේත් අන් අය සමඟ හිතවත්ව වාසය කිරීමෙනුත් සෙනෙහස, දයාව ආදිය ඇතිවෙනවා.

ඒක හරියට විලේ ඇති දියත් මඩත් යන දෙක නිසා මහනෙල් මල පිපුනා වගේ ඔය කරුණු නිසා ස්නේහය ඇතිවෙනවා.

මහණෙනි, එදා බොහෝ වාර ගණනක් මගේ දෙමාපියන් වශයෙන් මේ සාකේත බ්‍රාහ්මණයාත් බැමිණියත් ඉඳලා තියෙනවා. පුත්‍රයා වශයෙන් මාත් ඉඳලා තියෙනවා" කියා භාග්‍යවතුන් වහන්සේ මේ ජාතකය නිමවා වදාළා.

08. ඒක පද ජාතකය

නුවණැති කුමාරයා ඇසූ තනි පදය ගැන කතාව

පින්වතුනේ, පින්වත් දරුවනේ,

ඇතැම් සිඟිති දරුවන් ඉතා කුඩා අවදියේ ම මහා ගරු ගාම්භීර කරුණු විමසනවා. වැඩිහිටියන්ව පුදුමයට පත් කරවමින් ඔවුන්ට මෙසේ ප්‍රශ්න අසන්ට හැකිව ඇත්තේත් සසර පුරුද්දක් නිසා වෙන්ට පුළුවනි. මෙය එබඳු කතාවක්.

ඒ දිනවල අපගේ භාග්‍යවතුන් වහන්සේ වැඩ වාසය කොට වදාළේ සැවැත්නුවර ජේතවනයේ. දවසක් සැවැත්නුවර නිවසක වාසය කළ එක් තාත්තා කෙනෙක් තම සිඟිති පුතා ඇකයේ වාඩිකරවාගෙන උන්නා. එතකොට ඒ දරුවා "අප්පච්චි... එහෙනම් ඔයා කියන්ට බලන්ට යහපතට ඇති දොරටුව කුමක්ද කියා..?" කියලා ඇසුවා.

ඒ තාත්තා සිඟිත්තාගේ ප්‍රශ්නය අසා පුදුමයට පත් වුනා. 'ම්... මයෙ පුතා මහා ගාම්භීර ප්‍රශ්නයක් නොවැ ඇසුවේ. මේ ප්‍රශ්නය බුදුරජාණන් වහන්සේ නමක් ම තමයි හරි විදිහට විසඳන්නේ. ඒ නිසා මං මේ දරුවා රැගෙන දෙව්රමට යන්ට ඕනෑ' කියා සිතා ගත්තා.

එදා සවස් යාමේ මේ තාත්තා සිඟිත්තා වඩාගෙන භාග්‍යවතුන් වහන්සේව බැහැ දකින්ට ගියා. භාග්‍යවතුන් වහන්සේට වන්දනා කොට මෙහෙම ඇසුවා.

"ස්වාමීනී භාග්‍යවතුන් වහන්ස, මේ පුංචි පුතා මයෙ ඇකයේ වාඩි වී සිටිද්දී 'අප්පච්චි... යහපතට ඇති දොරටුව කුමක්ද?' කියා ඇසුවා නොවැ. මේ ප්‍රශ්නයට දියයුතු උත්තරේ මට තේරෙන්නේ නෑ ස්වාමීනී. ඒ නිසයි මං මේ ආවේ. ස්වාමීනී, මෙයට මට නිසි පිළිතුරු දෙන සේක්වා!"

එතකොට අපගේ භාග්‍යවතුන් වහන්සේ මෙසේ වදාළා. "උපාසක, මේ දරුවා යහපත සොයන අයෙකු වශයෙන් සිටියේ මේ ආත්මයේ විතරක් නොවේ. මීට කලින් ආත්මෙකත් යහපත සොයා යන්නෙක් වෙලා මේ ප්‍රශ්නය ම නුවණැතියන්ගෙන් විමසා තියෙනවා. ඒ කාලේ සිටිය නුවණැති පණ්ඩිතයෝ එයට උත්තර දුන්නා. භවයෙන් වැසී ඇති නිසා ඒ පිළිතුර දැන් සලකාගන්ට බෑ."

"අනේ ස්වාමීනී, මයෙ දරුව එදා යහපත සොයා ප්‍රශ්න ඇසූ ආකාරය කියාදෙන සේක්වා!" කියා ඒ තාත්තා භාග්‍යවතුන් වහන්සේගෙන් ඉල්ලා සිටියා. භාග්‍යවතුන් වහන්සේ මේ අතීත කතාව ගෙනහැර දක්වා වදාළා.

"උපාසක, ගොඩාක් ඉස්සර කාලෙක බරණැස්පුරේ බ්‍රහ්මදත්ත නමින් රජ්ජුරු කෙනෙක් රාජ්‍ය කරමින් සිටියා. ඔය කාලේ මහා බෝධිසත්වයෝ සිටු පවුලක උපන්නා. කල් යාමේදී බරණැස මහ සිටුවරයා බවට පත් වුනා. දවසක් ඒ සිටුතුමාගේ කුඩා පුත්‍රයා සිටුතුමාගේ ඇකයේ වාඩි වී සිටියදී මෙහෙම ප්‍රශ්නයක් ඇසුවා.

"අනේ පියාණෙනි, නොයෙක් ආකාරයෙන් යහපතට හේතුවෙන එකම කාරණයක් ඇත් නම් ඒක මට කියාදෙන්ට" කියා ඉල්ලමින් මේ ගාථාව පැවසුවා.

(1)

අප්පච්චී මෙ කරුණ මට කියා දෙන්ට ඕනෑ
නොයෙක් සැපත දෙන කරුණක් තියෙන්නට ම ඕනෑ
තනි පදයෙන් ඒ සියල්ල කියන්නටත් ඕනෑ
හැම දියුණුව ගැන කියවෙන අරුත දෙන්ට ඕනෑ

එතකොට බෝධිසත්වයෝ තම පුත්‍රයාට මේ ගාථාවෙන් පිළිතුරු දුන්නා.

(2)

නොයෙක් සැපත ඇති කරදෙන
- එකම කරුණ නුවණින් යුතු වීරිය ම යි පුතේ
සිල් ගුණයත් ඉවසීමත් ඇති කර දෙන
- එකම කරුණ නුවණින් යුතු වීරිය ම යි පුතේ
සියලු ලාභ ලබා දෙමින් මිතුරන්
- ඇති කර දෙන්නෙත් එනිසා ම යි පුතේ
සතුරන් හට දුක ඇති වන එක ම කරුණ
- නුවණින් යුතු වීරිය ම යි පුතේ

එදා බෝධිසත්වයෝ ඔය ආකාරයෙන් සිඟිත්තාට සියලු යහපත ලබා දෙන එක ම කරුණ වශයෙන් පෙන්නා දුන්නේ නුවණින් යුතු වීරියය ම යි.

භාග්‍යවතුන් වහන්සේ මෙසේ පවසා චතුරාර්ය සත්‍ය ප්‍රකාශිත ධර්ම දේශනාව වදාළා. ඒ දේශනාව නිමාවෙද්දී පියාත් පුතාත් දෙදෙනා ම උතුම් සෝවාන් ඵලයෙහි පිහිටියා.

"උපාසක, එදා ගැඹුරු ප්‍රශ්නය ඇසූ දරුවා වෙලා සිටියේ මේ දරුවා ම යි. බරණැස් සිටුතුමාව සිටියේ මම ය" කියා භාග්‍යවතුන් වහන්සේ මේ ජාතකය නිමවා වදාළා.

09. හරිතමාතු ජාතකය

හරිතමාතු නමැති බෝසත් මැඬියාගේ කතාව

පින්වතුනේ, පින්වත් දරුවනේ,

මේ කතාවෙන් කියැවෙන්නේ අජාසත් රජුගේ අසත්පුරුෂ ක්‍රියාව ගැනයි.

ඒ දිනවල අපගේ භාග්‍යවතුන් වහන්සේ වැඩ වාසය කොට වදාළේ රජගහනුවර වේළුවනයේ.

අපගේ භාග්‍යවතුන් වහන්සේ ශ්‍රී සම්බුද්ධත්වය ලබා පළමුවෙන් ම වැඩියේ රජගහනුවරට යි. එවකට රජගහනුවර රජු හැටියට සිටියේ බිම්බිසාර රජතුමා යි. ඒ බිම්බිසාර රජ්ජුරුවන්ගේ අග මෙහෙසිය හැටියට සිටියේ මහා කොසොල් රජ්ජුරුවන්ගේ දුවණියක්. සිය දියණිය බිම්බිසාර රජුට සරණ පාවාදෙන මංගලෝත්සවයේදී මහ කොසොල් රජ්ජුරුවෝ කාසි නමැති සාරවත් ගම්මානය සිය දියණියගේ ස්නාන වියදම් වෙනුවෙන් තෑගි දුන්නා. ඒ දියණිය තමයි අජාසත් කුමාරයාව බිහි කළේ.

දේවදත්ත නමැති අසත්පුරුෂයාගේ ඇසුරට වැටීම නිසා අජාසත් කුමරු කෙළෙහිගුණ නොදන්නා දැඩි ආත්මාර්ථකාමී චණ්ඩ පුද්ගලයෙකු බවට පත් වුනා. සෝවාන් ඵලයට පත්ව සිටි ධාර්මික රජෙකු වන බිම්බිසාර

රජතුමාව ඝාතනය කිරීම නිසා, අජාසත් පීතෘඝාතක මහා භයානක පාප කර්මයට හිමිකාරයෙක් වුනා.

තම ස්වාමියාට අත්විඳින්ට වූ අවාසනාවන්ත ඉරණම ගැන මහත් සේ කම්පාවට පත්ව සිටි දේවිය රජතුමා ගැන සිත සිතා සුළු කලකින් අභාවයට පත් වුනා. දේවියගේ පරිහරණය පිණිස මහ කොසොල් රජුගෙන් තෑගි ලද කාසි ගම, සිය මෑණියන්ගේ මරණයෙන් පස්සේ අජාසත් රජු ආදායම් ලැබුවා.

පසේනදී කොසොල් රජුට මේ ගැන මහා අප්‍රසාදයක් ඇති වුනා. 'හහ්... මගේ සහෝදරියගේ ස්වාමියා වන අප සහෝදර බිම්බිසාරයන්වත් ඝාතනය කළ මේකා දැන් මගේ සහෝදරිය භුක්ති විඳි නින්දගමත් භුක්ති විඳිනවා. ඒකට ඉඩ දෙන්ට බෑ. මං යුද්ධ කරලා පියා සතු දායාදය මා සතු කරගන්නවා' කියලා අජාසත් සමඟ යුද්ධ කරන්ට පටන් ගත්තා.

ඇතැම් අවස්ථාවලදී පසේනදී කෝසල මාමණ්ඩියට යුද්ධයෙන් ජය අත්වෙනවා. ඇතැම් අවස්ථාවලදී අජාසත් බෑණාට ජය අත්වෙනවා. යම් දවසක අජාසත් දිනනවා ද එතකොට ඔහු තමන්ගේ රථයේ ධජය ඔසොවාගෙන මහත් යස පිරිවර සමඟ ප්‍රීති ඝෝෂා කරමින් නගරයට පිවිසෙනවා. යම් දවසක පරදිනවා ද එදාට මහත් චිත්ත පීඩාවෙන් යුක්තව කාටවත් නොදන්වා රහසේ ම නගරයට පිවිසෙනවා.

දවසක් දම්සභා මණ්ඩපයේ රැස් වූ භික්ෂූන් වහන්සේලා මේ ගැන කතාබස් කරමින් සිටියා. ඒ අවස්ථාවේ භාග්‍යවතුන් වහන්සේ එතැනට වැඩම කොට වදාළා. භික්ෂූන් වහන්සේලා තමන් කතාබස් කරමින් සිටි කරුණ සැලකළා. භාග්‍යවතුන් වහන්සේ මෙසේ වදාළා.

"මහණෙනි, මොහු ඔය අයුරින් දින්න විට සතුටට පත් වීමත් පැරදුනු විට දුකට පත්වීමත් කළේ මේ ආත්මේ විතරක් නොවේ. කලින් ආත්මෙකත් ඔහොම වුනා" කියා භාග්‍යවතුන් වහන්සේ මේ අතීත කතාව ගෙනහැර දක්වා වදාළා.

"මහණෙනි, ගොඩාක් ඉස්සර කාලෙක බරණැස්පුරේ බ්‍රහ්මදත්ත නම් රජ්ජුරු කෙනෙක් රාජ්‍ය විචාරමින් සිටියා. ඔය කාලයේ මහා බෝධිසත්වයෝ නිල්මැඩි යෝනියේ ඉපදිලා සිටියේ. දවසක් මිනිස්සු මාළුන් අල්ලන්ට කියලා ගංගා සැඩපහරේ කෙමන් අටවා තිබුනා. එක් කෙමනක මාළු සෑහෙන්න ඇතුළු වුනා. ඔය අතරේ මාළුන් කමින් සිටි එක්තරා දියබරියෙකුත් ඒ කෙමනට රිංගුවා. එතකොට අර මාළුන් ඔක්කෝම එකතුවෙලා දියබරියාව හපන්ට පටන්ගත්තා. එතන එකම ලේ විලක් වුනා. දියබරියා හොඳටෝම බය වුනා. තමන්ට කිසිම පිහිටක් නොදැක හොඳටම මරණ භයෙන් කෙමන කටෙන් එළියට ඇවිත් මහත් වේදනාවෙන් යුක්තව දියමත කෙළවරේ දිගෑදිලා හිටියා.

නිල් මැඩියාත් ඒ අවස්ථාවිදී දියෙන් උඩට පැන කෙමන මත වාඩි වුනා. දියබරියා මේ මොකක්ද තමන්ට වුනේ කියා තෝරාගන්ට බැරිව එතැන වාඩි වී හුන් නිල් මැඩියාගෙන් මෙහෙම ඇසුවා.

(1)

අනේ හරිතමාතු මැඩියො
- මට සිදු වූ විපත අසාපන්නේ
දියබරියෙකි මං වැරදී කෙමන
- තුලට නොවැ රිංගා තියෙන්නේ
මාළු පිරිස එකතු වෙලා මා
- මරන්ට ම යි සැරසී සිටින්නේ

මට සිදු වූ මේ විපතට නුඹත්
- කැමති දැයි කියලයි අසන්නේ

එය අසා සිටි බෝසත් මැඩියා මෙහෙම කිව්වා. "යාළුවා, කරන්ට දෙයක් නෑ. තමන් ළඟට මාළුන් ආවොත් තෝ එවුන්ව කනවා නොවැ. දැන් මාළු පිරිසට තෝ මැදි වුනා. ඒ නිසා එයාලා තෝව කනවා. ඔහොම තමා. තම තමන්ගේ බලය තියෙන තැනේදී කවුරුවත් දුර්වලයි කියල කියන්ට බෑ" කියා මේ ගාථාව පැවසුවා.

(2)

බලයට පත් වූ මිනිසා අන් කෙනාගෙ
- දේ සැහැසිව උදුරාගන්නේ
බලය තියෙනතුරු පමණයි ඔහු හට
- ඒ ලාමක දේ කළහැකි වන්නේ
අනිත් කෙනා බලවත් වී ආ දවසේදී
- තමන් හටත් ඒ දේ ම යි සිදුවන්නේ
එනිසා මෙය ලොව තියෙනා දෙයක්
- බවට සලකන්ටත් සිදුවන්නේ

එතකොට මාළුන් මැඩියාගේ කතාවට සවන් දීගෙන සිටියා. "ඕ... හෝ... එහෙනම් අපේ සතුරා දැන් දුර්වල අවස්ථාවේ බලයක් නැතිවයි ඉන්නේ. වරෙල්ලා මේකාව මෙතැන ම ඉවරයක් කර දමාපල්ලා" කියලා මාළු රංචුව ම කෙමන කටින් පැන ඇවිත් දියබරියාව එතැන ම ජීවිතක්ෂයට පත් කළා.

මහණෙනි, එදා දියබරියාව සිටියේ අජාසත්. හරිතමාත නම් නිල්මැඩියාව සිටියේ මම ය" කියා භාග්‍යවතුන් වහන්සේ මේ ජාතකය නිමවා වදාළා.

10. මහා පිංගල ජාතකය

ජනතාව තලා පෙළා පාලනය කළ මහා පිංගල රජුගේ කතාව

පින්වතුනේ, පින්වත් දරුවනේ,

අපගේ භාග්‍යවතුන් වහන්සේ ළඟ පැවිදි වූ දේවදත්ත නොයෙක් ක්‍රමයන්ගෙන් භාග්‍යවතුන් වහන්සේගේ ජීවිතය හානි කරන්ට මහන්සි ගත්තා නොවැ. අන්තිමේදී ඒ හැම දෙයක් ම ත් අසාර්ථක වුනා. තමන් සදාගත් වර පහක් ඉදිරිපත් කොට පන්සියයක භික්ෂු පිරිසක් රවටාගෙන ගයාවේ ගයාශීර්ෂ විහාරයට ගිහින් හිටියා. සාරිපුත්ත - මහා මොග්ගල්ලාන අග්‍රශ්‍රාවකයන් වහන්සේලා එහි වැඩම කොට දහම් දෙසා ඒ භික්ෂූන් පන්සිය නම ම සෝවාන් ඵලයට පත් කරවා වදාළා. ඒ සඟ පිරිසත් රැගෙන පිටත් වූ අවස්ථාවේ කෝකාලික ඇවිත් දේවදත්තගේ පපුවට විළුඹින් ඇන්නා.

"හහ්... ඔය... මහා ලොකු ශාස්තෘන් වහන්සේ... ගොරොද්දේ ඇද ඇද හොඳටෝ ම බුදි. ආං... අමාරුවෙන් එක්කගෙන ආපු පන්සීය ම අරගෙන ගිහිල්ලා... ඕයි... දැන්වත් නැගිටිනවා හොඳා!"

එතකොට දේවදත්ත අවදි වුනා. ඇස් ලොකු කරලා වටපිට බැලුවා. ආයෙමත් හොඳට දැතින් ම ඇස්

දෙක පිස දමා වටපිට බැලුවා. කට ඇරුනා. මුළු ශාලාව ම පාලුයි. "හෑ..." කියවුනා. එතැන ම කැස්සක් හැදුනා. කටින් උණු ලේ ආවා. ඒ අසනීපයෙන් නව මාසයක් දුක් වින්දා.

"අනේ මාව භාග්‍යවතුන් වහන්සේ ළඟට ඇන්න පල. මට උන්නාන්සේගෙන් සමාව ගන්ට ඕනෑ" කියලා ඉල්ලා සිටියා. නමුත් දැන් දේවදත්තට නැගිටින්ට ඇවිදින්ට බෑ. එතකොට මිනිස්සු ඇඳක තබාගෙන ඔසොවාගෙන ගියා.

සැවැත් නුවරටත් ආවා. ජේතවන දොරටුව අසලදී දිව ගිලෙන තරමේ මහා පිපාසයක් ඇති වුනා. "අනේ... ආං... අතන වතුර තියෙනවා. ඔය ඇඳ ටිකකට බිම තියාපන්. මට පැන් වළඳින්ට ඕනෑ" කිව්වා. මිනිස්සු ඇඳ බිමින් තිබ්බා. දේවදත්ත තමුන්නේ දෙපා පොළොවේ තබා අමාරුවෙන් හිටගත්තා විතරයි. එතැන පොළොව විවර වුනා. පරම්පරාවෙන් ලැබෙන වස්ත්‍රයක් පොරවා ගන්නවා වගේ පොළොව ඇතුලෙන් උඩට මතු වූ ගිනිදැලින් ඇඟ වෙළී ගියා. ජේතවනයේ දොරටුව පෙනි පෙනී පොළව යටට ගිලී ගියා.

දෙව්දත් පොළොවේ ගිලී ගිය බව මුළු සැවැත් නුවර ම පැතිරුනා. කටින් කටින් පැතිරී මුළු දඹදිව් තලය පුරා මේ ප්‍රවෘත්තිය සිසාරා ගියා.

"අනේ දැන් ඉතින් අපගේ භාග්‍යවතුන් වහන්සේට සැනසිල්ලේ පාඩුවේ ඉන්ට පුළුවනි" කියා මහජනයා මහත් සේ තුටු පහටු වුනා. කොටින් ම දඹදිව සිසාරා සිටි යක්ෂ, භූත, දෙවි පිරිසත් දෙව්දත්ගේ අභාවය ගැන තුටු පහටු වුනා.

ඒ දිනවල අපගේ භාග්‍යවතුන් වහන්සේ වැඩ වාසය කොට වදාළේ සැවැත්නුවර ජේතවනයේ. එදා දම්සභා මණ්ඩපයේ රැස් වූ භික්ෂූන් වහන්සේලා දෙව්දත්ගේ අභාවයෙන් මහජනයා මහත් සතුටට පත් වීම ගැන කතා කරමින් සිටියා. ඒ අවස්ථාවේ භාග්‍යවතුන් වහන්සේ එතැනට වැඩම කොට වදාළා. භික්ෂූන් වහන්සේලා තමන් කතා කරමින් සිටි කරුණ භාග්‍යවතුන් වහන්සේට සැළකළා. භාග්‍යවතුන් වහන්සේ මෙසේ වදාළා.

"මහණෙනි, දෙව්දත්ගේ මරණයෙන් මහජනයා සතුටු වුනේ මේ ආත්මේ විතරක් නොවේ. මීට කලින් ආත්මයකත් ඔහු මියගිය අවස්ථාවේ මහජනයා සතුටු වුනා. ප්‍රීත්‍යුත්සව පැවැත්වුවා!" කියා භාග්‍යවතුන් වහන්සේ මේ අතීත කතාව ගෙනහැර දක්වා වදාළා.

"මහණෙනි, ගොඩාක් ඉස්සර කාලෙක බරණැස්පුරේ මහාපිංගල නම් රජෙක් සිටියා. මොහු ඉතාම අධාර්මිකයි. සතර අගතියෙන් ම යි කටයුතු කළේ. හිතු මනාපෙට මිනිසුන්ට දඬුවම් දුන්නා. හිතුමනාපෙට දඩ ගැසුවා. උහුලා ගන්ට බැරි විදිහට බදු බර පැටෙව්වා. මේ නිසා මහජනයා දැඩි පීඩනයකට ලක් වුනා. උක් යන්ත්‍රයක දමා ඉස්ම මිරිකාගත් උක් දඬු සෙයින් මහජනයා අසරණ වුනා. මේ නිසා කොටින්ම තමන්ගේ මාළිගයේ ඉන්නා ස්ත්‍රී, පුරුෂ, දූ දරු, අමාත්‍ය, බ්‍රාහ්මණ, ගෘහපති ආදී කවුරුත් මොහුට ප්‍රිය කළේ නෑ. කවුරුත් මොහුව සැලකුවේ ඇහේ වැටී ඇති රොඩු කැබැල්ලක් හැටියට යි. කටට ගත් බත් පිඬුවේ තියෙන ගලක් හැටියට යි. විළුඹේ ඇනී ගිය විසකටුවක් හැටියට යි.

මහාපිංගල රජු සෑහෙන කාලයක් රාජ්‍ය පාලනය කළා. මහා බෝධිසත්වයෝ ඒ මහා පිංගල රජුගේ ප්‍රධාන පුත්‍රයා හැටියට ඉපදිලා සිටියා. මහාපිංගල අභාවයට පත් වූ දවසේ මුළු බරණැස්වාසී සියලු දෙනා මහා සතුටට පත් වුනා. මහා හඬින් හිනැහුනා. හිනැහි හිනැහී කරත්ත දහසකින් ඇද්ද දරවලින් ඔහුගේ ආදාහනය සිදු කළා. දිය කළ දහසකින් දැවූ තැන නිවා දැම්මා. බෝධිසත්වයන්ව රාජ්‍යයේ අභිෂේක කරවා "හම්මේ... යාන්තං ඇති.... කලකට පස්සේ අපට ධාර්මික රජෙක් ලැබුනා" කියා සැනසුම් සුසුම් හෙලුවා. මේ ප්‍රීතියට මිනිස්සු නොයෙක් උත්සව කළා. ධජ පතාක ඔසොවා නැටුම් ගැයුම් දක්වා වී පොරි මල් ඉසිමින් ප්‍රීති වුනා. හිනැහි හිනැහී කමින් බොමින් සතුටු වුනා.

බෝධිසත්වයෝ සිංහාසනයේ වාඩි වී සුදු සේසත යට මහා යස පිරිවර හා සතුටුවෙමින් සිටියා. අමාත්‍ය, බ්‍රාහ්මණ, ගෘහපති, සේවකාදී හැමෝම ඉතා සතුටින් පෙළ ගැසී සිටගත්තා. ඔය අතරේ එක් දොරටු පාලකයෙක් බෝධිසත්වයන්ට නුදුරින් සිට වේගයෙන් හුස්ම ඉහළ පහළ ගනිමින් හඬමින් සිටියා. එතකොට බෝධිසත්වයෝ ඔහුගෙන් මෙහෙම ඇසුවා.

"මිත්‍ර දොරටුපාලකය, අපගේ පියරජුගේ අභාවය නිසා සියලු දෙනා ම මහත් ප්‍රීතියෙන් පසු වෙද්දී, උත්සව සමරද්දී ඇයි මේ ඔබ විතරක් මහත් වේදනාවකින් හඬ හඬා ඉන්නේ? මගේ පියා ඔබට ඉතාම ප්‍රිය මනාපව සිටියා ද?" කියා අසමින් මේ ගාථාව පැවසුවා.

(1)

පිය මහරජු මහපිංගල
- රට වැසියා තලා පෙලා
- නපුරුව රජ කෙරුවේ
ඔහු මියගිය පසු ජනයා
- ඔල්වරසන් දෙමින් සතුට
- නිතියෙන් පළකෙරුවේ
ඔබලා දෙස නපුරු ලෙසින්
- පමණයි ඔහු නිතරම නෙත් හෙළුවේ
ඇයි ද මිතුරු දොරටුපාල
- ඔබ විතරක් ඔහු ගැන සිතමින්
- මෙලෙසට මහ හයියෙන් හැඬුවේ

එතකොට දොරටුපාලයා මෙහෙම පිළිතුරු දුන්නා. "අනේ නෑ දේවයන් වහන්ස, මං මේ හඬන්නේ මහපිංගල රජ්ජුරුවෝ මිය ගිය කාරණාවට නොවෙයි. තමුන්නාන්සේගේ පිය රජ්ජුරුවෝ මේ දොරටුවෙන් නගිද්දී බහිද්දී ඒ හැම වාරෙකම කම්මල් මිටෙන් අනිනවා වාගේ මයෙ මේ හිසට හයියෙන් ටොකු අට බැගින් අනිනවා. හනේ මං පුදුමාකාර දුකක් වින්දේ. දැන් මං කලින්ටත් වඩා බයෙන් ඉන්නේ යම්කිසි කාරණාවක් නිසා. දේවයන් වහන්ස, ඔය මහපිංගල රජ්ජුරුවෝ දැන් ඉතින් නිරිපල්ලන්ටත් ටොකු අනිනවා ඇති. යම රජ්ජුරුවන්ටත් ටොකු අනිනවා ඇති. එතකොට උන්නාන්සේලා මෙහෙමත් සිතන්ට පුළුවනි. 'හප්පේ... මේකා නිරයට ආ දවසේ පටන් අපටත් මේකාගෙන් ටොකු කන්ට වෙලා නොවැ. හා... හා... මේකා ඇන්න ගොහින් හිටි තැනට ම දමාපන් කියලා' අණාඥා කළොත්, යම දූතයෝ ආයෙමත් මහපිංගල රජ්ජුරුවන්ව ගෙනැවිත් ඔය

සිංහාසනේ තැබුවොත් මං විනාසයි..! ආන්න ඒ භයට යි මං මේ හඬන්නේ" කියමින් මේ ගාථාව පැවසුවා.

(2)

නපුරු නෙතින් අපව බැලූ
- ඔහු ගැන නම් මගේ සිතේ
- මනාපයක් නැත්තේ
නැවතත් නිරයෙන් ඇවිදින්
- ඔතන වාඩිවෙයි කියලා
- භයකුයි මට ඇත්තේ
දැන් නිරයට ගොහින් එයා
- යම රජුටත් ටොකු අනිමින්
- වධ දෙනවා ඇත්තේ
මොහු බේරන්නට කියා
- යමරජු ආපසු මේ රජු
- එවන්ට බැරි නැත්තේ

එතකොට බෝධිසත්වයෝ මෙහෙම කිව්වා. "මිත්‍රයා, දර කරත්ත දහසකින් කළ දර සෑයේ නොවැ අපි රජ්ජුරුවන්ව ආදාහනය කළේ. ඊට පස්සේ දිය කළ දහසකින් ඒ භූමිය නිවා දැම්මා නොවැ. එහෙම පරලොව පලච්ච කෙනෙක් ඒ ශරීරයෙන් ආපසු ඒමක් නෑ. ඒ නිසා ඒ ගැන භය ගන්ට කාරි නෑ. සතුටින් ඉන්ට" කියා මේ ගාථාව පැවසුවා.

(3)

ගැල් දහසක් පුරා ගෙනා දර වලිනුයි
- ඔහුගේ ඒ දර සෑයත් සැදුවේ
දහසක් කළවලින් ගෙනා දියවලිනුයි
- ඒ බිම තෙත් කෙරුවේ

එසේ එලොව ගියපු කෙනා නැවතත් එලෙසින්
- එන්නට නැත පිළිවෙළ සැදූවේ
එනිසා භය නොගෙන සිටිං ඔහුගෙන්
- විපතක් ආයිත් කිසිවෙකුටත් නොම වේ

එය ඇසූ දොරටුපාල තැන කඳුළු පිසදමා සතුටින් හිනැහෙන්ට පටන් ගත්තා.

මහණෙනි, එදා මහාපිංගල වෙලා සිටියේ දේවදත්ත. ඔහුගේ පුත්‍රයාව වෙලා සිටියේ මම ය” කියා භාග්‍යවතුන් වහන්සේ මේ ජාතකය නිමවා වදාළා.

නවවැනි උපාහන වර්ගය යි.

මහාමේඝ ප්‍රකාශන

- **ත්‍රිපිටක පොත් වහන්සේලා :**

01. **දීඝ නිකාය 1 කොටස**
(සීලක්ඛන්ධ වර්ගය)
02. **දීඝ නිකාය 2 කොටස**
(මහා වර්ගය)
03. **දීඝ නිකාය 3 කොටස**
(පාථික වර්ගය)
04. **මජ්ඣිම නිකාය 1 කොටස**
(මූල පණ්ණාසකය)
05. **මජ්ඣිම නිකාය 2 කොටස**
(මජ්ඣිම පණ්ණාසකය)
06. **මජ්ඣිම නිකාය 3 කොටස**
(උපරි පණ්ණාසකය)
07. **සංයුත්ත නිකාය 1 කොටස**
(සගාථ වර්ගය)
08. **සංයුත්ත නිකාය 2 කොටස**
(නිදාන වර්ගය)
09. **සංයුත්ත නිකාය 3 කොටස**
(ඛන්ධක වර්ගය)
10. **සංයුත්ත නිකාය 4 කොටස**
(සළායතන වර්ගය)
11. **සංයුත්ත නිකාය 5 කොටස**
(මහා වර්ගය - 1)
12. **සංයුත්ත නිකාය 5 කොටස**
(මහා වර්ගය - 2)
13. **අංගුත්තර නිකාය 1 කොටස**
(ඒකක, දුක, තික නිපාත)
14. **අංගුත්තර නිකාය 2 කොටස**
(චතුක්ක නිපාත)
15. **අංගුත්තර නිකාය 3 කොටස**
(පඤ්චක නිපාත)
16. **අංගුත්තර නිකාය 4 කොටස**
(ඡක්ක, සත්තක නිපාත)
17. **අංගුත්තර නිකාය 5 කොටස**
(අට්ඨක, නවක නිපාත)
18. **අංගුත්තර නිකාය 6 කොටස**
(දසක, ඒකාදසක නිපාත)
19. **ඛුද්දක නිකාය 1 කොටස**
(ඛුද්දකපාඨ පාළි, ධම්මපද පාළි, උදාන පාළි, ඉතිවුත්තක පාළි)
20. **ඛුද්දක නිකාය 2 කොටස**
(විමාන වත්ථු , ප්‍රේත වත්ථු)

- **ධර්ම දේශනා ග්‍රන්ථ :**

01. කියන්නම් සෙනෙහසින් මිය නොයන් හිස් අතින්
02. තෝරාගනිමු සැබෑ නායකත්වය
03. පැහැදිලි ලෙස පිරිසිදු ලෙස දෙසූ සේක සිරි සදහම්
04. දම් දියෙන් පණ දෙව් විමන් සැප
05. බුදුවරුන්ගේ නගරය
06. සයුර මැද දූපතක් වේ ද ඔබ...?
07. ගිහි ගෙයි ඔබ ඇයි?
08. මෙන්න නියම දේවදූතයා
09. ආදරණීය වදකයා
10. සයුරේ අසිරිය ධර්මයේ
11. විෂ නසන ඔසු
12. සසරක ගමන නවතන නුවණ
13. විස්මිත හෙළිදරව්ව
14. දිළිසෙන සියල්ල රත්තරන් නොවේ
15. අනාතුරියෝ අප්පිදෙණ්හට ගම්...
16. අතරමං නොවීමට...
17. සුන්දර ගමනක් යමු
18. කවදා නම් අපි නිදහස් වෙමුද?
19. ලෙඩ දුක් වලින් අත්මිදෙමු
20. ලෝකය හැදෙන හැටි
21. යුද්ධයේ සුළමුල
22. රහතන් වහන්සේ මරණින් මතු ඇත නැත
23. නුවණැස පාදන සිරි සදහම්
24. මරණය ඉදිරියේ අසරණ නොවීමට නම්
25. අපේ නව වසර බුද්ධ වර්ෂයයි
26. හේතුවක් නිසා
27. අවබෝධ කළ යුතු ධර්මය මෙයයි
28. සැබෑ බිරිඳ කවුද?
29. පහන් සිළ නිවෙන ලෙස පිරිනිවී වැඩි සේක
30. සසරට බැඳෙමුද සසරින් මිදෙමුද?
31. රහතුන්ගේ ධර්ම සාකච්ඡා
32. සැබෑ දියුණුවේ රන් දොරටුව
33. බලන් පුරවරක අසිරිය
34. මමත් සිත සමාහිත කරමි බුදු සමිඳුනේ...
35. එළිය විහිදෙන නුවණ
36. සැබෑ ශ්‍රාවකයා ඔබද?

පූජ්‍ය කිරිබත්ගොඩ ඤාණානන්ද ස්වාමීන් වහන්සේ විසින් රචිත
සියලුම සදහම් ග්‍රන්ථ සහ ධර්ම දේශනා ලබාගැනීමට

ත්‍රිපිටක සදහම් පොත් මැදුර

අංක 70/A/7/OB, YMBA ගොඩනැගිල්ල, බොරැල්ල, කොළඹ 08
දුර : 077 47 47 161 / 011 425 59 87
ඊ-මේල් : thripitakasadahambooks@gmail.com

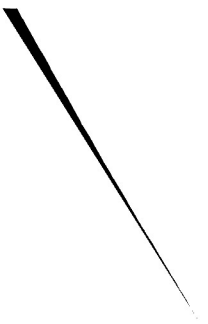